安徽省高等学校自然科学重点研究项目建设成果
滁州职业技术学院学术专著出版基金项目

重型半挂车行驶稳定性仿真研究

贾会星 著

中国科学技术大学出版社

内 容 简 介

本书对重型半挂车的行驶稳定性进行了仿真研究,主要结合重型汽车动力学仿真软件 TruckSim,对影响重型半挂车行驶稳定性的使用参数、结构参数做了仿真分析,并对改善重型半挂车行驶稳定性的控制方法展开了研究。

本书适合高校汽车类专业研究生、重型汽车研发制造技术人员阅读参考。

图书在版编目(CIP)数据

重型半挂车行驶稳定性仿真研究/贾会星著. —合肥:中国科学技术大学出版社, 2023.8

ISBN 978-7-312-05704-5

Ⅰ. 重⋯ Ⅱ. 贾⋯ Ⅲ. 重型载重汽车—汽车行驶—稳定分析—研究 Ⅳ. U491.2

中国国家版本馆 CIP 数据核字(2023)第 126726 号

重型半挂车行驶稳定性仿真研究

ZHONGXING BANGUACHE XINGSHI WENDINGXING FANGZHEN YANJIU

出版	中国科学技术大学出版社
	安徽省合肥市金寨路96号,230026
	http://press.ustc.edu.cn
	http://zgkxjsdxcbs.tmall.com
印刷	安徽国文彩印有限公司
发行	中国科学技术大学出版社
开本	710 mm×1000 mm 1/16
印张	10.75
字数	209千
版次	2023年8月第1版
印次	2023年8月第1次印刷
定价	50.00元

前　言

本书是安徽省高等学校自然科学重点研究项目"重型半挂式汽车行驶稳定性研究"(项目编号:KJ2018A0836)成果,并获得滁州职业技术学院学术专著出版基金项目(项目编号:YJZZ-2021-03)资助。本书对重型半挂车的行驶稳定性进行了仿真研究,主要结合重型汽车动力学仿真软件TruckSim,对影响重型半挂车行驶稳定性的使用参数、结构参数做了仿真分析,并对改善重型半挂车行驶稳定性的控制方法展开了研究。

本书共分6章:第1章介绍了项目研究的背景及意义,以及重型半挂车的结构特点;第2章结合重型半挂车弯道制动行驶工况,对重型半挂车进行了动力学分析;第3章介绍了重型汽车动力学仿真软件TruckSim的菜单界面及建模操作方法;第4章对影响重型半挂车行驶稳定性的使用参数、结构参数进行了仿真分析;第5章重点研究了制动过程中滑移率控制对改善重型半挂车行驶稳定性的影响;第6章介绍了几种改善重型半挂车行驶稳定的控制策略和方法。

本书的出版得到滁州职业技术学院各级领导和同事的大力支持,在此表示衷心感谢!限于作者水平,书中难免有疏漏之处,敬请广大读者、专家批评指正。

贾会星

目　　录

前言 ·· (i)

第1章　绪论 ·· (1)
　1.1　研究背景及意义 ·· (1)
　1.2　半挂汽车列车的结构特点 ······································ (3)

第2章　重型半挂车弯道制动动力学模型分析 ···················· (9)
　2.1　转向系统模型 ·· (9)
　2.2　制动系统模型 ·· (10)
　2.3　轮胎模型 ··· (13)
　2.4　悬架模型 ··· (18)
　2.5　鞍座模型 ··· (20)
　2.6　重型半挂车弯道制动动力学模型 ····························· (21)

第3章　TruckSim 动力学仿真软件介绍 ···························· (32)
　3.1　TruckSim 动力学仿真软件功能和特点 ······················· (32)
　3.2　TruckSim 主界面及菜单功能 ·································· (33)
　3.3　TruckSim 重型半挂车建模 ····································· (43)

第4章　重型半挂车行驶稳定性的影响参数 ······················ (56)
　4.1　整车建模 ··· (56)
　4.2　仿真工况建模 ·· (59)
　4.3　仿真结果分析 ·· (62)

第5章　制动方式及滑移率对行驶稳定性的影响 ················· (117)
　5.1　单通道与双通道 ABS 制动 ···································· (117)

5.2　滑移率对制动行驶稳定性的影响 ……………………………………（137）

第 6 章　改善重型半挂车行驶稳定性的控制方法 ……………………（159）
　6.1　主动侧倾控制 …………………………………………………………（159）
　6.2　挂车主动转向控制 ……………………………………………………（160）
　6.3　差动制动控制 …………………………………………………………（161）
　6.4　AFS/DYC 的集成控制策略 …………………………………………（162）

参考文献 ……………………………………………………………………（163）

第 1 章 绪　　论

1.1　研究背景及意义

21世纪以来,随着我国社会经济快速发展,人民生活水平日益提高,物流产业发展迅猛,交通运输业已经成为促进经济发展的重要命脉。[1]虽然我国的公路运输起步较低、发展较晚,但经过改革开放四十多年的建设,目前的公路运输业已经具有一定的规模,在交通运输体系中的占比越来越大,成为不可替代的运输方式。[2,3]在公路商业运输中,货车和汽车列车所占的成分很大,汽车列车是指通过牵引装置将发挥驱动作用的牵引车与一辆挂车或多辆挂车组合起来的车辆系统。[4,5]汽车列车按照运输类型主要分为客车列车和货车列车两种,按照牵引方式分为牵引杆式挂车列车、全挂列车和铰接列车等。[6]其中,铰接类半挂汽车列车将可脱挂连接的半挂车与牵引车组合,在道路货物运输中非常广泛。[7]

半挂汽车与其他运载车辆相比拥有如下优点:

(1) 在相同轴荷情况下,半挂汽车装载量大,可减少运输车辆使用频次,降低路面磨损,在降低车辆事故率的同时还可以缓解道路交通拥挤。

(2) 装载量相同的情况下,与普通载货汽车相比,半挂汽车可以有效减少尾气排放污染,大大减少车辆排放的碳氢化合物(HC),并且氮氧化物(NO_x)和二氧化碳(CO_2)的排放量可减少约五分之一,可吸入颗粒物(PM)减少约七分之一。

(3) 可提高运输效率,在车轴载荷不变的条件下,半挂汽车的装载量比其他车辆多,其甩挂运输方式可有效降低空驶率,使得运输效率比普通货车提高三分之一以上。[8]研究结果证明,汽车列车中最为常见的是半挂汽车和全挂汽车,其中半挂汽车带来的运输经济效益要比全挂汽车高三分之一。[9]

半挂汽车也因此成为国际上中长途货物运输的主体工具,承担着越来越多的运输工作量。半挂汽车在我国货物运输业中应用起步相对较晚,发展也相对缓慢。进入21世纪后,我国公路建设进入快速发展阶段,半挂汽车也随之进入高速发展阶段。[10]由于半挂汽车的运输低成本、装载量大、甩挂效率高等特点符合我国公路运输量大、运输环境复杂等要求,逐渐成为我国公路运输的主要车型。

据国家统计局统计,2022年全国年货物运输总量506亿吨,其中铁路运输49.3亿吨,约占9.7%;公路运输371.2亿吨,约占73.4%;水路运输85.5亿吨,约占16.9%。高速公路和现代物流运输的高速发展,以及公路货运的进一步集约化(重型化、集装箱化、列车化)和专业化(厢式运输、专业运输、特种运输等),使半挂汽车列车在公路交通运输中发挥着越来越重要的作用。[11-13]图1-1所示为国家统计局公布的我国近5年三种货物运输方式的货物运输量数据,可以看出我国公路运输是货物运输的主体,远远高于铁路货运和水路货运。

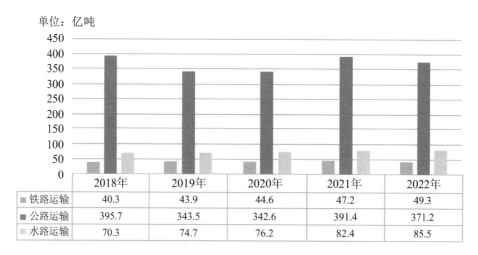

图1-1　2018—2022年三种货物运输方式的货物运输量

半挂汽车在带来巨大经济效益的同时,受半挂汽车牵引车、挂车之间的力和运动的相互影响,挂车具有质心位置高、重量和体积大、轴距相对于车身高度过窄等特点,使其操纵性比普通货车复杂得多。低速行驶时,挂车对牵引车运动轨迹的追随性差,特别是在交叉口和环形交叉口等转弯空间有限的城市交通环境下,挂车的运动轨迹会向弯道内侧偏移,严重时会刮碰弯道内侧的车辆和基础设施,或占用其他车道并引发交通堵塞和刮蹭事故。[14-16]高速行驶时,半挂汽车稳定性较差,易发生摆振、侧翻和折叠等严重的交通事故,[17-19]带来巨大的经济损失和人员伤亡。

提高重型半挂汽车行驶的稳定性,可以减少或杜绝汽车交通事故发生的可能性,对我国交通运输业的发展、国民经济的发展有着举足轻重的作用。因此,研究重型半挂式汽车的行驶稳定性具有重要的意义。

1.2 半挂汽车列车的结构特点

半挂汽车列车由半挂牵引车和半挂车组成。因为半挂车和牵引车采用牵引座与牵引销的无间隙连接方式,所以缩短了列车总长,提高了整车行驶的稳定性和机动性;减少了风阻损失和全挂车存在的牵引钩环间的撞击和噪声;半挂车的部分载荷由牵引车承受,从而提高了牵引车驱动轮的附着质量,加大了牵引车的牵引力,使发动机的功率得到充分发挥。半挂汽车列车易于实现:"甩挂运输",即用一辆牵引车轮流牵引多辆半挂车;"区段运输",即半挂汽车到达指定区段站后,挂车换挂,由其他牵引车继续牵引驶向目的地,该牵引车则牵引另外的半挂车返回;"滚装运输",即将集装箱连同挂车直接装船和上岸,将公路运输和水运直接联运。这些现代运输管理办法简单高效,因而得到了迅速发展。[20-22]

半挂汽车列车由牵引车和一辆或一辆以上半挂车组合而成,本书研究只牵引一辆半挂车的情况,如图 1-2 所示。半挂车是半挂汽车列车组合中的载货部分,就其设计和技术特征而言,它是一种须由牵引车牵引才能正常使用的道路车辆。一般情况下,半挂车本身不带动力装置,离开牵引车它将无法工作。半挂车通常由专门的半挂牵引车牵引,这种牵引车一般没有货厢,在它的底盘上装有牵引座。通过牵引座承受半挂车前部的载货,并锁住其上的牵引销,带动半挂车行驶。

图 1-2 重型半挂汽车列车

1.2.1 牵引车的结构特点

牵引车是汽车列车组合中的动力源,用来牵引挂车,实现汽车列车的运输作业。公路用牵引车一般由载货汽车生产厂制造或由载货汽车改装。图 1-3 所示为一辆典型的半挂牵引车,其中两轴为驱动轴,一轴为从动轴。牵引车与载货汽车在结构及使用要求上既有很多共同点,也有一些不同点。

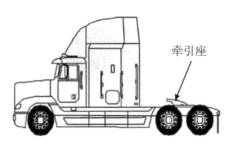

图 1-3　半挂牵引车

1. 动力装置及传动系统

牵引车一般要求有较大的牵引力。虽然牵引车发动机与载货汽车发动机相同,但发动机的转速范围及控制系统有部分不同。例如,牵引车在离合器与变速器间设有液力耦合器、液力变扭器,以保证起步平稳;在变速器本体附设副变速机构、差速器前部设有减速装置;一部分牵引车的驱动轴外端设有轮边减速器,以提供更大的驱动力。牵引车与载货汽车各总成的结构布置是相同的,但具体参数又有所差别,如齿轮传动比、齿轮各参数、驱动轴的直径大小、齿轮的结构等。

2. 驾驶室

牵引车驾驶室一般与载货汽车驾驶室相同,长距离运行牵引车,驾驶室一般以两排座或床来代替后排座。驾驶室的仪器仪表、操纵控制部分的种类与配置,牵引车与载货汽车几乎是通用的。

3. 车架

牵引车的车架结构、制造工艺与载货汽车的基本相同。但半挂牵引车的车架较载货汽车的车架短,车架承受集中载荷大,所以牵引车车架后部需加固,且横梁的配置及形状都与载货汽车有相当大的差异。

4. 行驶系统

半挂牵引车牵引座的负荷在 16 吨以上时,一般认为应作为牵引车专用底盘进行研制。超过此负荷的牵引车的行驶系统与载货汽车的差异增多。牵引座负荷在 12 吨以下的牵引车,与同级的载货汽车的行驶系统的各部分结构和参数相同。

5. 制动系统

牵引车的制动系统与载货汽车的制动系统基本相同,不同点是牵引车设置了向挂车输送压缩空气的气压制动管路、紧急制动管路、气动控制管路和气管接头等。另外,在驾驶室内设置了手动阀,可直接操纵挂车制动。为了提高制动性能,有的牵引车在后桥处装有感载阀,以改善轴间制动力的分配。

6. 电气系统

牵引车上会引出一个带有七极的电气连接器,用来连接挂车的七芯插头,以便向挂车输送电气信号。

1.2.2 半挂车的结构特点

挂车是汽车列车组合中的载货部分,除通用的挂车外,还可按运载货物的不同来制作各种专用挂车。挂车按牵引连接方式不同可以分为全挂车、半挂车和特种挂车。

半挂车是指将车轴(单轴或多轴)置于车辆质心(均匀载荷时)后面,并且具有可将水平力和垂直力传递给牵引车的牵引连接装置的被牵引车辆,如图1-4所示。半挂车上的牵引连接装置通常采用牵引销,通过牵引销连接牵引车的牵引座。因此,半挂车的部分载荷可通过牵引座传递给牵引车。

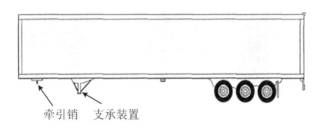

图 1-4 半挂车

半挂车车架主要有平板式、鹅颈式和凹梁式三种,如图1-5所示。平板式车架的整个货台是平直的,且位于车轮之上,牵引车和半挂车搭接部分的上部空间得到充分利用,因而具有较大的承载面积,车架强度高。这种车架形式结构比较简单,制造容易,多用于超重型挂车,但车架重心高,对道路要求高。鹅颈式车架也称为"阶梯式车架",车架呈阶梯形,货台平面位于鹅颈之后,从而降低了货台主平面,便于货物的装卸和运输,但车架的受力情况不如平板式车架好。凹梁式车架的货台呈凹形,具有最低的承载平面,一般适于运输大型或超高设备。

车轴配置方式直接影响挂车的装载量,一般随着装载量的增加,车轴数也相应增加。较常见的有一轴式、二轴式和三轴式等半挂车型。

半挂车车架主要由纵梁和横梁构成,如图1-6所示。主纵梁是半挂车车架中承受载荷、完成半挂车预定装载功能的主要构件。半挂车的轴距一般较大,因此要求其纵梁具有足够的强度和刚性。横梁是车架中用来连接左右纵梁、构成车架的主要构件。横梁本身的抗扭性能及其分布直接影响着纵梁的内应力大小及其分布。常采用的横梁结构有圆管形、工字形、槽形和箱形。

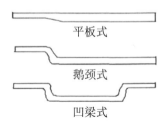

图 1-5　半挂车车架纵梁类型

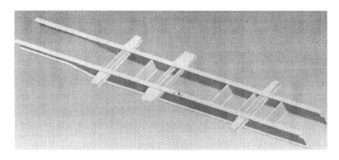

图 1-6　半挂车车架

1.2.3　牵引座的结构特点

牵引座由座板、分离-连接机构和支座三大部分组成。牵引座按支座能否移动可分为固定型、移动型和举升型(图 1-7);按其自由度不同,可分为单自由度和二自由度;按其分离-连接机构不同,又分为夹板式和单钩式。

单自由度牵引座又称一轴式,即牵引座可绕 y 轴作不小于 $15°$ 的纵向摆动。这种结构的特点是汽车列车行驶时的横向稳定性较好,多用于大型集装箱、高货台、散装货运等一般公路运输的半挂汽车列车上。二自由度牵引座又称二轴式,即牵引座除具有纵向倾摆的自由度外,还可绕 x 轴作 $3°\sim7°$ 的横向摆动,以适应不平的道路,并减小车架的扭曲。该牵引座多用于越野行驶或运输大型整体长货物的重型汽车列车上。

固定型牵引座是指牵引座固定在车架上,而举升型和移动型牵引座是指牵引座相对于车架可以上下举升和前后移动。夹板式分离-连接机构利用两块夹板锁住牵引销,在双夹板前端有一个锁块,用来限制夹板绕其销轴转动,从而保证车辆在行驶时即使发生冲击,夹板也不会自己松开与牵引销分离。而单钩式牵引座通过楔杆保证单钩锁住牵引销,同时借助弹簧自动消除因牵引销磨损而形成的间隙。

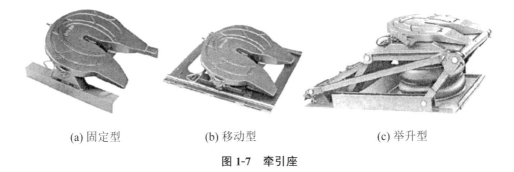

(a) 固定型　　　　　(b) 移动型　　　　　(c) 举升型

图 1-7　牵引座

1.2.4　影响半挂汽车列车稳定性的因素

半挂汽车列车的行驶稳定性,是指半挂汽车列车保持驾驶员给定的相对于道路支承表面的位置,以及在外界干扰作用下保持正常行驶方向的能力。评价半挂汽车列车稳定性能的指标有以下几点。[22]

1. 半挂汽车列车的侧滑

半挂汽车列车在一定行驶状态时,在一定道路条件下,会出现半挂汽车列车的侧滑。如果作用于车轮与道路支承表面相接点的水平力超过附着极限,那么半挂汽车列车的任何车轴都会发生侧滑。

当半挂汽车列车转向时,一旦操作不当,半挂车入弯就易发生侧滑。应当指出,在转向时,与牵引车不同的是半挂车通常受几个大的侧向力的影响。

当半挂汽车列车制动时,一旦出现制动力矩沿牵引车或半挂车车轮分配不均的情况,就会发生侧滑。

当半挂汽车列车个别车轮同地面的附着力不同时,也会经常引起侧滑现象。如果左右轮附着系数明显不同,则无论制动机构所赋予的制动力矩相同与否,两侧车轮同路面相接点上的制动力都将出现急剧的不同变化,从而使半挂汽车列车产生侧滑。

2. 半挂汽车列车的侧翻

半挂汽车列车发生侧翻的典型行驶条件:

在水平路面上高速曲线行驶时,作用在半挂车的侧倾力矩是由横向惯性力产生的,这个横向惯性力由车速、质心高度、转向角和转向速度决定。

在横向坡度大的道路上直线行驶时,半挂车通常应以低速行驶。这种情况下的侧倾力矩是由车的重力的侧向分力产生的。

在起伏路面和地形上行驶时,由于路面不平处对车轮的垂直反作用力很大,可能造成半挂汽车列车侧倾。

半挂汽车列车高速行驶安全性在很大程度上取决于横摆、侧倾动力学性能。例如,侧倾稳定性遭到破坏会导致半挂汽车列车发生侧翻现象,横摆稳定性遭到破坏将导致折叠现象。[24]

第 2 章 重型半挂车弯道制动动力学模型分析

重型半挂车行驶失稳事故多发生在高速行驶遇到障碍物进行紧急制动并转向避让的时候,主要包含转向和制动两种工况。这里针对重型半挂车高速转向行驶制动工况进行动力学分析。

车辆的运动和控制主要是通过底盘系统来实现的,因此研究重型半挂车的弯道制动,必须建立与之相关的底盘系统模型,其中包括转向系统、制动系统、轮胎、悬架和鞍座。车辆动力学模型的构建分为坐标系的定义和力学平衡方程两部分,通过车辆本身坐标系和轮胎坐标系,对底盘各子系统的参数变量进行力学描述并整合建立转弯制动工况下的动态平衡关系,从而构建重型半挂车动力学模型。[6]

2.1 转向系统模型

目前,多数重型半挂车采用牵引车前轴转向。转向系统模型(简称转向模型)主要分为单自由度和双自由度转向系统模型两种。[24]单自由度和双自由度转向模型分别用于转向盘转角输入和力矩输入的半挂汽车列车的运动响应。早期的转向模型一般忽略转向系统的摩擦力影响,在对转向运动进行模拟计算时,转向力和扭矩都会产生一定程度的发散。由此可知,摩擦力对转向系统模型影响较大,在建模过程中应着重考虑。[25,26]出于对半挂汽车列车转弯制动过程中转向盘转角输入运动响应的考虑,这里采用包括摩擦力在内的单自由度转向模型(图 2-1)。

转向系统从转向盘至左转向轮是由具有传动比的转向机及变形元件组成的,而右转向轮是左转向轮通过变形的横拉杆带动的。设转向盘转角为 δ_s,左、右转向轮转角分别为 δ_l 和 δ_r,则左、右转向轮绕其主销的力矩平衡方程[6,24]为

$$I_{zwl}(\ddot{\varphi}_1 + \ddot{\delta}_l) = \left(\frac{\delta_s}{N_g} - \delta_l\right) K_{ss} - (\delta_l - \delta_r) K_{tr} - C_{FMl} \frac{|\dot{\varphi}_1 + \dot{\delta}_l|}{\dot{\varphi}_1 + \dot{\delta}_l} \quad (2\text{-}1)$$

$$I_{zwr}(\ddot{\varphi}_1 + \ddot{\delta}_r) = -C_{FMr}\frac{|\dot{\varphi}_1 + \dot{\delta}_r|}{\dot{\varphi}_1 + \dot{\delta}_r} \tag{2-2}$$

式中，K_{ss} 为转向盘到左转向轮的扭转刚度；K_{tr} 为左转向轮到右转向轮之间的扭转刚度；I_{zwl} 为左转向轮绕主销的转动惯量；I_{zwr} 为右转向轮绕主销的转动惯量；C_{FMl} 为转向盘到左转向轮之间摩擦力矩的最大值；C_{FMr} 为左转向轮到右转向轮之间摩擦力矩的最大值；φ_1 为牵引车簧载质量的横摆角；N_g 为转向系传动比。

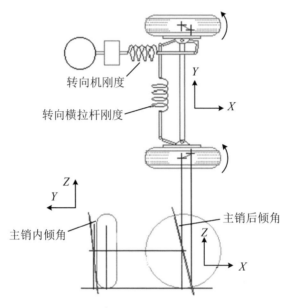

图 2-1　单自由度转向模型

为方便研究转向角对半挂汽车列车转弯制动稳定性的影响，设定牵引车转向轴左右车轮的转角相等，即 $\delta_l = \delta_r = \delta$，代入式(2-1)、式(2-2)，化简可得车辆转向系动力学统一模型为

$$I_w\ddot{\delta} + C_w\dot{\delta} = K_s(\delta_s/i - \delta) - \varepsilon F_{yf} \tag{2-3}$$

式中，I_w 为转向轮绕主销转动惯量之和；C_w 为转向盘到转向轮之间摩擦力矩的最大值；K_s 为转向系综合刚度；δ_s 为转向盘转角；δ 为牵引车转向轮转角；i 为转向系传动比；ε 为转向轮的侧向系数；F_{yf} 为转向轮的侧偏力。

2.2　制动系统模型

目前重型半挂车多采用气压制动方式。半挂汽车列车在实施制动时为了达到行车制动所需要的制动力,主要以制动气室产生的气室压力作为动力来源,并通过动力转换和传递装置分配到执行机构——制动器上,从而完成气室压力到制动力矩的动作。[27,28] 车辆气压制动执行机构主要由制动气室和制动器组成(图2-2)。

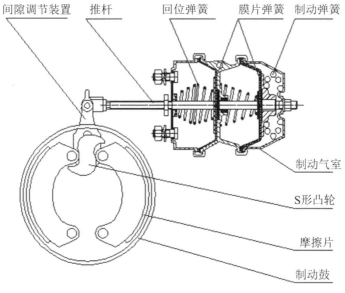

图 2-2 车辆气压制动系统组成

2.2.1 制动气室

如果制动气缸中的压力设为定值,忽略管路、气室容积和气室温度变化导致的制动气压变化,则可得到气室压力动态特性简化模型。其表达式为一阶常微分方程,即

$$\dot{P}_t = \frac{1}{\tau}(P_c - P_t) \tag{2-4}$$

式中,P_t 为制动室输出压力;P_c 为期望压力;τ 为气室相关的时间常数。

由式(2-4)可知,气室压力随时间的变化率与期望压力和气室压力的差值呈线性关系;与制动气室相关的时间常数设定为以下三种情况:

(1) 当 $P_t > P_0$,且 $\dot{P}_t \geq 0$ 时,$\tau = \tau_{\text{rising}}$;

(2) 当 $P_t \leq P_0$,且 $\dot{P}_t \geq 0$ 时,$\tau = \tau_{\text{filling}}$;

(3) 当 $\dot{P}_t < 0$ 时,$\tau = \tau_{\text{falling}}$。

实际上,期望压力 P_c 也可用常微分方程进行描述,即

$$\dot{P}_c = \frac{1}{\tau_t}(P_{ref} - P_c) \tag{2-5}$$

式中，P_{ref} 为实际施加的踏板压力；τ_t 为制动踏板响应的时间参数。

在气室压力为定值的前提下，将式(2-4)和式(2-5)联立求解，可得气室压力变化的时间动态方程。制动气室压力的时间动态特性方程为

$$\begin{pmatrix} \dot{P}_t \\ \dot{P}_c \end{pmatrix} = \begin{pmatrix} -\dfrac{1}{\tau} & \dfrac{1}{\tau} \\ 0 & -\dfrac{1}{\tau_t} \end{pmatrix} \begin{pmatrix} P_t \\ P_c \end{pmatrix} + \begin{pmatrix} 0 \\ \dfrac{1}{\tau_t} \end{pmatrix} P_{ref} \tag{2-6}$$

传递到制动器的制动气室压力在制动缸中对应的有效面积计算式为

$$A_0 = \frac{\pi}{12}(D_q^2 + D_q \cdot d_m + d_m^2) \tag{2-7}$$

式中，D_q 为制动气室膜片口处的内直径；d_m 为膜片的内直径。

2.2.2 制动器

气压制动是重型半挂车普遍采用的一种制动方式。为了实现对半挂汽车列车的行车制动进行控制，需要通过动力转换装置将制动气室输出的制动气压转化为实现制动功能的机械动作，半挂汽车列车制动系统中的制动器可实现上述功能。在营运的半挂汽车列车制动系统中，普遍采用的是具有高效性和准确性的领从蹄式制动器(鼓式制动器)，如图2-3所示。

制动器领蹄的制动因数表达式为

$$BF_1 = \frac{\mu_L \dfrac{h}{R_r}}{\dfrac{j}{R_r}\left(\dfrac{\hat{q}_0 - \sin q_0 \cos q_3}{4\sin\dfrac{q_0}{2}\sin\dfrac{q_3}{2}}\right) - \mu_L\left(1 + \dfrac{j}{R_r}\cos\dfrac{q_0}{2}\cos\dfrac{q_3}{2}\right)} \tag{2-8}$$

式中，h 为支撑销的中心距；μ_L 为制动片的摩擦系数；q_0 为制动片的外包角；$\hat{q}_0$ 为制动片的外包角 q_0 对应的弧长；j 为支撑销连线与制动器中心距。

制动器从蹄的制动因数的表达式为

$$BF_2 = \frac{\mu_L \dfrac{h}{R_r}}{\dfrac{j}{R_r}\left(\dfrac{\hat{q}_0 - \sin q_0 \cos q_3}{4\sin\dfrac{q_0}{2}\sin\dfrac{q_3}{2}}\right) + \mu_L\left(1 + \dfrac{j}{R_r}\cos\dfrac{q_0}{2}\cos\dfrac{q_3}{2}\right)} \tag{2-9}$$

鼓式制动器的制动因数 BF 为领蹄和从蹄制动因数之和，即

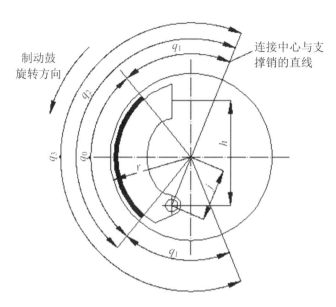

图 2-3　制动器的领蹄示意图

$$BF = BF_1 + BF_2 \tag{2-10}$$

车辆制动施加于轮胎的制动力矩是经过踏板力控制、制动气室增压、制动力矩分配的过程来实现的。其中制动力矩的生成表达式为

$$M_\mu = P_t A_0 \eta_m BF \left(\frac{l_a}{2l_b}\right) R_r \tag{2-11}$$

式中，P_t 为制动室输出压力；A_0 为制动气室的作用面积；η_m 为制动蹄的机械效率；R_r 为制动鼓的作用半径；BF 为制动鼓的制动因数；l_b 为制动轮片的有效半径；l_a 为调整机构的有效作用长度。

联立式(2-4)～式(2-11)，输入相关的制动系结构参数即可求得制动器输出的制动力矩。

2.3　轮 胎 模 型

车辆产生行驶运动的主要外力来自地面对车轮的反作用力。轮胎的动态受力情况与车辆行驶稳定性息息相关。轮胎坐标系是轮胎模型的构建基础，以轮胎的六分力坐标系作为轮胎受力分析参照(图2-4)。坐标系中的 X 轴设定在轮胎行驶平面(轮胎自身旋转中心线的垂直平面)与接触地面的交线上，车辆行驶方向为正方向;Y 轴设定在轮胎自身旋转中心线向地面的投影线上,以行驶方向左侧为正方向;原点 O 设定为 X 轴和 Y 轴的交点,Z 轴设定为经过 O 点铅垂于 XOY 平面的直线,以向上为正方向。正侧偏角定义为车轮行驶方向在地面上的投影与 X 轴形成的夹角,用 α 来表示。侧倾角在图中定义为轮胎行驶平面与 XOZ 平面形成的夹角,用 γ 来表示。轮胎的回正力矩遵守右手定则。轮胎行驶中受到侧偏力和绕 X 轴回正力矩的影响,但在稳态行驶过程中回正力矩相对较小。为了方便分析车辆制动时轮胎作用力对方向稳定性的影响,这里忽略回正力矩,将车辆轮胎简化成只考虑纵向力和侧向力的力学模型,通过轮胎与地面之间作用力的变化来进一步对车辆的方向稳定性进行分析。

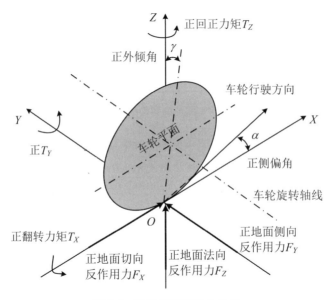

图 2-4 轮胎坐标系及六分力

横向失稳是车辆失去方向稳定性的主要表现,而地面与轮胎之间的侧偏力是造成半挂汽车列车横向失稳的重要原因。[29] 轮胎如果不受侧偏力作用的影响,施加制动力时,轮胎因制动扭矩而在地面引起的反作用力将使车轮做减速运动。在轮胎微观力学中,产生制动力的作用区域主要是轮胎底部与地面的接触面(图 2-5)。轮胎的胎体外表面在进入接触面积内时,前端将受到拉伸作用趋于扁平,轮胎壁受到剪切力的作用也将发生变形。车辆制动时,轮胎由于受力变形会产生相应侧滑,从而造成轮胎的实际行驶距离要大于不制动情况下的自由滚动距离。

车辆制动时,车轮会因制动力而引起不同程度的侧滑,常用滑移率 s 作为评价制动时车轮滑动成分占滚动成分程度的表征量。滑移率的大小可以代表轮胎受到的制动强度。滑移率一般定义为车轮整体平移速度和切向线速度的差值与平移速

度的比值,即

$$s = \frac{V - \omega R}{V} \times 100\% \tag{2-12}$$

式中,V 为车轮行驶速度;ω 为车轮旋转的角速度;R 为轮胎的滚动半径。

通过滑移率表达式可知:在车轮未受到制动力时,车轮没有发生侧滑,处于纯滚动状态,此时滑移率 $s=0$;当开始缓慢施加制动时,轮胎的平移速度将大于切向线速度,处于边滚边滑状态,此时滑移率 $0 < s < 1$;当制动力持续增大,达到或超过地面附着力时,车轮将发生抱死拖滑、不再滚动,此时滑移率 $s=1$。

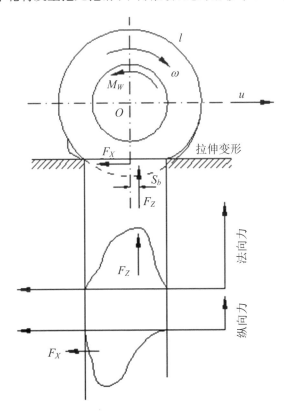

图 2-5 制动时轮胎受到的应力及拉伸变形

轮胎制动时,其受到的制动力与自身的法向载荷直接相关,一般定义制动力与载荷的比值为制动力系数,用 φ_b 来表示。车辆的制动力系数随滑移率的变化而变化,某轮胎的制动力系数与滑移率的关系曲线如图 2-6 所示。由图可知,制动开始时,制动力系数随滑移率增加逐渐变大,近似呈线性关系,[29]但当轮胎滑移率达到 A 点时,制动力系数随滑移率变化曲线开始呈现出非线性,之后制动力系数很快达到峰值 φ_p,即 B 点。相关实验表明,制动力系数的最大值一般出现在滑移率为 15%~20%时,之后如果滑移率持续增加,制动力系数便会逐渐下降直至滑移率为

1(轮胎处于抱死拖滑状态)。[30]因此,轮胎的制动力可视为滑移率与轮胎法向载荷的函数,随滑移率和法向载荷变化而变化。

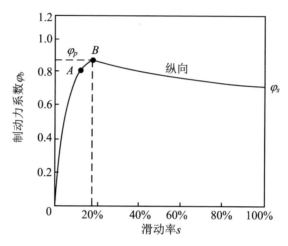

图 2-6　制动力系数与滑移率的关系曲线

目前国内外关于轮胎模型的研究取得了不少成果,建立了不少用于实际分析的成熟模型。考虑到这里主要分析车辆在转弯和制动联合工况下的行驶稳定性,在比较经典轮胎模型优缺点的基础上,笔者决定采用被广泛认可的魔术公式(MAGIC),[31-33]该轮胎模型既简单实用,又能反映复合工况下轮胎纵向力和侧偏力的动态变化特性。

轮胎的纵向力表达式为

$$F_{X0}=D\sin(C\arctan(BX_1-E(BX_1-\arctan(BX_1))))+S_V \quad (2\text{-}13)$$

式中,X_1 为轮胎纵向力自变量,其中 $X_1=(\kappa+S_h)$,κ 为轮胎纵向滑移率(制动时取负值,车轮抱死时取 100%);C 为曲线形状参数值,$C=B_0$;D 为曲线最大值,且 $D=B_1F_Z^2+B_2F_Z$(F_Z 为地面对车轮的法向反作用力);B 为刚度因子,其计算公式为 $B=BCD/(C\times D)$(BCD 为纵向力零点处的纵向刚度,$BCD=(B_3F_Z^2+B_4F_Z)\times e^{-B_5F_Z}$);$S_h$ 为曲线的水平漂移,且 $S_h=B_9F_Z+B_{10}$;S_V 为曲线的纵向漂移,纵向力中 $S_V=0$;E 为曲线曲率因子,描述曲线最大值附近形状 $E=B_6F_Z^2+B_7F_Z+B_8$。

轮胎侧向力计算式为

$$F_{Y0}=D\sin(C\arctan(BX_1-E(BX_1-\arctan(BX_1))))+S_V \quad (2\text{-}14)$$

式中,X_1 为侧向力计算组合变量,且 $X_1=(\alpha+S_h)$(α 为侧偏角);C 为曲线形状因子,侧向力计算时取 A_0 值,$C=A_0$;D 为巅因子,表示曲线的最大值,$D=A_1F_Z^2+A_2F_Z$;B 为刚度因子,其计算式为 $B=BCD/(C\times D)$(BCD 为纵向力零点处的纵

向刚度,$BCD = A_3 \sin\left(2\arctan\dfrac{F_Z}{A_4}\right) \times (1 - A_5|\gamma|)$,$\gamma$ 为车轮的外倾角);S_h 为曲线的水平漂移,$S_h = A_9 F_Z + A_{10} + A_8\gamma$;$S_V$ 为曲线的垂直方向漂移,侧向力中 $S_V = A_{11} F_Z \gamma + A_{12} F_Z + A_{13}$;$E$ 为曲线曲率因子,描述曲线最大值附近形状 $E = A_6 F_Z + A_7$。

通过查阅文献[6,24]得到轮胎模型中相关参数因子的经验值(表 2-1)。

表 2-1 轮胎模型相关参数的经验值

纵向力参数因子	参考经验值	侧向力参数因子	参考经验值
B_0	2.37272	A_0	1.65000
B_1	−9.46	A_1	−34.00
B_2	1490.00	A_2	1250.00
B_3	130.00	A_3	3036.00
B_4	276.00	A_4	12.80
B_5	0.08860	A_5	0.00501
B_6	0.00402	A_6	−0.02103
B_7	−0.06150	A_7	0.77394
B_8	1.2000000	A_8	0.0022890
B_9	0.02990	A_9	0.013442
B_{10}	−0.1760	A_{10}	0.003709
		A_{11}	19.1656
		A_{12}	1.21356
		A_{13}	6.26206

转弯制动联合工况下轮胎力的计算式为

$$F_x = (\lambda_x/\lambda) F_{X0}$$
$$F_y = (\lambda_y/\lambda) F_{Y0} \tag{2-15}$$

$$\lambda = \sqrt{\lambda_x^2 + \lambda_y^2} \tag{2-16}$$

$$\lambda_x = s/(1-s)$$
$$\lambda_y = \tan\alpha/(1-s) \tag{2-17}$$

其中,F_{X0} 和 F_{Y0} 分别为式(2-13)和式(2-14)中单工况下的纵向力和侧向力,其主要输入参数为轮胎法向载荷 F_z,轮胎侧偏角 α,滑移率 s;输出参数为轮胎的纵向力 F_x 和侧向力 F_y。

2.4 悬架模型

牵引车的悬架装置和挂车的悬架装置之间通过协调工作构成了半挂汽车列车的悬架装置,二者基本上都是由弹性元件和减震器组成的。悬架的控制主要是根据路面和车辆的载荷状况,通过控制悬架的刚度、阻尼等参数来实现的,以减小路面不平引起的由车轮经悬架传到车身上的冲击振动和货厢的摆动。[34,35] 目前重型半挂车列车悬架广泛使用的是非独立悬架。为了便于稳定性分析,忽略悬架本身的旋转能量,根据悬架侧倾挠性,将其简化为由弹性刚度和阻尼组成的线性扭转弹簧,只沿垂直方向运动,侧倾运动时侧向作用力由簧载质量传递给非簧载质量,悬架模型如图 2-7 所示。[6,24] D_i 为阻尼系数,z_i 为悬挂质量的垂直距离,d_i 为各车轴悬架弹簧之间的距离,k_i 为弹簧的应力系数,Φ_{si} 为簧载质量的侧倾角。

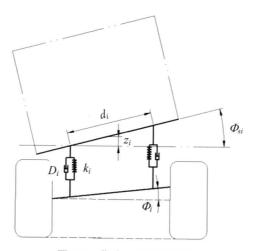

图 2-7 非独立悬架示意图

现在分析三轴半挂车静态时各轴的法向载荷。

牵引车转向轴的法向载荷为

$$F_{s1} = \frac{1}{2(a_1+b_1)}\left(m_{s1}gb_1 + \frac{m_{s2}gb_2c}{a_2+b_2}\right) \tag{2-18}$$

牵引车驱动轴的法向载荷为

$$F_{s2} = \frac{1}{2}\left(m_{s1}g + \frac{m_{s2}gb_2}{a_2+b_2} - 2F_{s1}\right) \tag{2-19}$$

半挂车车轴的法向载荷为

$$F_{s3} = \frac{1}{2}\left(m_{s2}g - \frac{m_{s2}gb_2}{a_2+b_2}\right) \tag{2-20}$$

牵引车各轴的弹簧力为

$$F_{k11} = -k_{11}\left[\frac{d_1}{2}\sin(\Phi_{s1}-\Phi_{1f}) + z_1\right] \tag{2-21}$$

$$F_{k12} = -k_{11}\left[-\frac{d_1}{2}\sin(\Phi_{s1}-\Phi_{1f}) + z_1\right] \tag{2-22}$$

$$F_{k21} = -k_{21}\left[\frac{d_2}{2}\sin(\Phi_{s1}-\Phi_{1r}) + z_1\right] \tag{2-23}$$

$$F_{k22} = -k_{22}\left[-\frac{d_2}{2}\sin(\Phi_{s1}-\Phi_{1r}) + z_1\right] \tag{2-24}$$

式中，F_{k11}、F_{k12}、F_{k21}、F_{k22} 分别为牵引车转向轴和驱动轴悬架内外弹簧应力；k_{11}、k_{12}、k_{21}、k_{22} 分别为牵引车转向轴和驱动轴悬架内外弹簧的弹性系数；d_1 和 d_2 分别为转向轴和驱动轴上悬架弹簧之间距离；z_1 为牵引车簧载质量上升的垂直距离；Φ_{s1} 为牵引车簧载质量的侧倾角；Φ_{1f} 和 Φ_{1r} 为牵引车转向轴和驱动轴的侧倾角；a_1 为牵引车转向轴距离牵引车质心的距离；b_1 为牵引车驱动轴距离牵引车质心的距离；a_2 为铰接点距离半挂车质心的距离；b_2 为半挂车轴距离半挂车质心的距离；c 为牵引车质心距离铰接点的距离（图 2-10）；m_{s1} 为牵引车的簧载质量；m_{s2} 为半挂车的簧载质量。

牵引车各轴的阻尼力为

$$F_{D11} = -D_{11}\left[\frac{d_1}{2}(\dot{\Phi}_{s1}-\dot{\Phi}_{1f}) + \dot{z}_1\right] \tag{2-25}$$

$$F_{D12} = -D_{12}\left[-\frac{d_1}{2}(\dot{\Phi}_{s1}-\dot{\Phi}_{1f}) + \dot{z}_1\right] \tag{2-26}$$

$$F_{D21} = -D_{21}\left[\frac{d_2}{2}(\dot{\Phi}_{s1}-\dot{\Phi}_{1r}) + \dot{z}_1\right] \tag{2-27}$$

$$F_{D22} = -D_{22}\left[-\frac{d_2}{2}(\dot{\Phi}_{s1}-\dot{\Phi}_{1r}) + \dot{z}_1\right] \tag{2-28}$$

式中，F_{D11}、F_{D12}、F_{D21}、F_{D22} 分别为牵引车转向轴和驱动轴内外阻尼器产生的阻尼应力；D_{11}、D_{12}、D_{21}、D_{22} 分别为牵引车转向轴和驱动轴内外阻尼器的阻尼系数；$\dot{z}_1$ 为牵引车簧载质量上升的垂直速度；$\dot{\Phi}_{s1}$ 为牵引车簧载质量的侧倾角速度；$\dot{\Phi}_{1f}$ 和 $\dot{\Phi}_{1r}$ 为牵引车转向轴和驱动轴的侧倾角速度。

半挂车车轴的弹簧力为

$$F_{k31} = -k_{31}\left[\frac{d_3}{2}\sin(\Phi_{s2}-\Phi_{2r}) + z_2\right] \tag{2-29}$$

$$F_{k32} = -k_{32}\left[-\frac{d_3}{2}\sin(\Phi_{s2}-\Phi_{2r}) + z_2\right] \quad (2\text{-}30)$$

式中，F_{k31} 和 F_{k32} 分别为半挂车车轴悬架内外弹簧应力；k_{31} 和 k_{32} 分别为半挂车车轴悬架内外弹簧的弹性系数；d_3 为半挂车车轴上悬架弹簧之间距离；z_2 为半挂车簧载质量上升的垂直距离；Φ_{s2} 为半挂车簧载质量的侧倾角；Φ_{2r} 为半挂车车轴的侧倾角。半挂车车轴内外阻尼器产生的阻尼应力分别为

$$F_{D31} = -D_{31}\left[\frac{d_3}{2}(\dot\Phi_{s2}-\dot\Phi_{2r}) + \dot z_2\right] \quad (2\text{-}31)$$

$$F_{D32} = -D_{32}\left[-\frac{d_3}{2}(\dot\Phi_{s2}-\dot\Phi_{2r}) + \dot z_2\right] \quad (2\text{-}32)$$

式中，D_{31} 和 D_{32} 分别为半挂车车轴内外阻尼器的阻尼系数；$\dot z_2$ 为半挂车簧载质量上升的垂直速度；$\dot\Phi_{s2}$ 为半挂车簧载质量的侧倾角速度；$\dot\Phi_{2r}$ 半挂车车轴的侧倾角速度。

联立上述公式可得各车轴上悬挂质量作用点的悬架力。

牵引车转向轴上的悬架力为

$$F_{s11} = F_{s1} + F_{k11} + F_{D11} \quad (2\text{-}33)$$

$$F_{s12} = F_{s1} + F_{k12} + F_{D12} \quad (2\text{-}34)$$

牵引车驱动轴的悬架力为

$$F_{s21} = F_{s2} + F_{k21} + F_{D21} \quad (2\text{-}35)$$

$$F_{s22} = F_{s2} + F_{k22} + F_{D22} \quad (2\text{-}36)$$

半挂车车轴的悬架力为

$$F_{s31} = F_{s3} + F_{k31} + F_{D31} \quad (2\text{-}37)$$

$$F_{s32} = F_{s3} + F_{k32} + F_{D32} \quad (2\text{-}38)$$

式中，F_{s11}、F_{s12}、F_{s21}、F_{s22}、F_{s31}、F_{s32} 分别为半挂汽车列车各悬挂点的悬架力。

2.5 鞍座模型

鞍座是半挂汽车列车最重要的组成部分，它把牵引车和挂车协调地连接起来，传递并接收两者之间的连接力和其他作用力，并使挂车完成转向。鞍座通过牵引销传递牵引车和半挂车的力和力矩。半挂汽车列车设计时一般都在牵引销处设置限位装置，限制牵引车和半挂车之间在鞍座处的相对运动，遇到限位装置前，鞍座不传递俯仰力矩，只传递较高的侧倾和横摆力矩。因此，鞍座可简化为不与悬架装

置产生力学干扰的刚度扭矩弹簧,引入鞍座角刚度参数,认为鞍座在两个方向上所产生的阻力矩等于在相应方向上的角刚度和角速度乘积,忽略俯仰运动,通过将鞍座侧倾阻力矩和横摆阻力矩代入动力学方程来实现对鞍座的控制。牵引鞍座的阻力矩如图 2-8 所示。

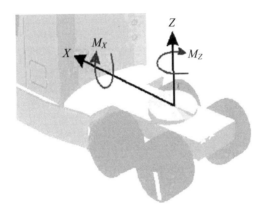

图 2-8 牵引鞍座的阻力矩示意图

鞍座的横摆阻力矩为

$$M_Z = D_Z \dot{\theta} \tag{2-39}$$

鞍座的侧倾阻力矩为

$$M_X = D_X (\dot{\Phi}_{s1} - \dot{\Phi}_{s2}) \tag{2-40}$$

式中,M_Z 和 M_X 分别为牵引鞍座的横摆阻力矩和侧倾阻力矩;D_Z 和 D_X 分别为牵引鞍座的横摆角刚度和侧倾角刚度;θ 为牵引车和半挂车之间的铰接角;Φ_{s1} 为牵引车簧载质量的侧倾角;Φ_{s2} 为半挂车簧载质量的侧倾角。

2.6 重型半挂车弯道制动动力学模型

由于重型半挂车是牵引车和半挂车通过鞍座铰接相连的复合车辆,为了便于对车辆进行动力学分析,分别建立牵引车和半挂车的运动坐标系。以牵引车质心 O_1 为坐标原点,牵引车前进方向为 x_1 轴,转向内侧为 y_1 轴,垂直向上方向为 z_1 轴建立牵引车运动坐标系;同理,以半挂车质心 O_2 为坐标原点,半挂车前进方向为 x_2 轴,转向内侧为 y_2 轴,垂直向上方向为 z_2 轴建立半挂车运动坐标系。如图 2-9 所示,根据设定的坐标系,运动平面内的角度参量包括前轮转角和车轮侧偏角,二者均以逆时针方向为正,所有力和速度参量均以在各坐标轴上投影的矢量方向决定正负。这里研究的重型半挂车运动主要考虑牵引车和半挂车的横摆运动和侧倾运动,忽略俯仰运动。其中,$\dot{\Phi}_{s1}$ 和 $\dot{\Phi}_{s2}$ 分别为牵引车和半挂车簧载车身的侧倾角速度;$\dot{\varphi}_1$ 和 $\dot{\varphi}_2$ 分别为牵引车和半挂车横摆角速度;h_1、h_2、h_3 分别为牵引车质心距离地面的高度、半挂车质心距离地面的高度、鞍座(铰接点)距离地面的高度。

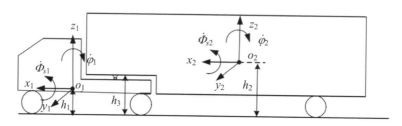

图 2-9 重型半挂车坐标系

选取地面上的一点 O 为原点,x 轴和 y 轴为车辆行驶路面水平面上的横轴和纵轴,z 轴通过原点,垂直于行驶平面,方向向上,因此得到重型半挂车转向制动的受力分析图(图 2-10)。这里研究的重型半挂车为三轴车辆,牵引车为前后两轴,前轴为转向轴,后轴为驱动轴。图 2-10 为重型半挂车动力学分析俯视图,图 2-11 为重型半挂车车身动力学分析示意图。

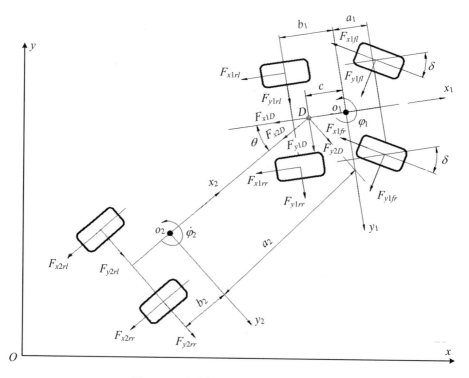

图 2-10 重型半挂车动力学分析俯视图

在构建重型半挂车动力学模型前进行如下基本假设:[36-38]

(1) 将牵引车和半挂车看作两个相互耦合的独立刚体,通过鞍座约束相互协调运动;

(2) 忽略半挂车转向制动过程中的俯仰运动;

(3) 忽略非簧载质量的转动惯量,悬架的弹簧力和阻尼力作用方向平行;

(4) 忽略空气阻力和轮胎的滚动阻力,以及车辆旋转能量引起的阻力矩。

由此可得牵引车和半挂车的动力学方程。[6,39]

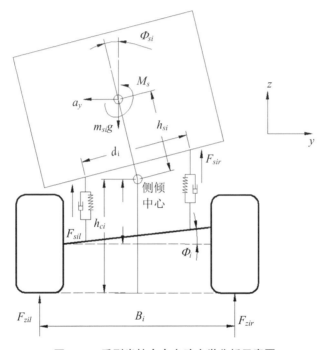

图 2-11　重型半挂车车身动力学分析示意图

2.6.1　牵引车模型

纵向运动方程为

$$m_1(\dot{u}_1 - v_1\dot{\varphi}_1) = \sum F_{x1} \tag{2-41}$$

$$\begin{aligned}\sum F_{x1} = &-(F_{x1fl} + F_{x1fr})\cos\delta - F_{x1rl} - F_{x1rr} \\ &-(F_{y1fl} + F_{y1fr})\sin\delta - F_{x1D}\end{aligned} \tag{2-42}$$

侧向运动方程为

$$m_1(\dot{v}_1 + u_1\dot{\varphi}_1) = \sum F_{y1}$$

$$\sum F_{y1} = (F_{y1fl} + F_{y1fr})\cos\delta + F_{y1rl} + F_{y1rr}$$
$$- (F_{x1fl} + F_{x1fr})\sin\delta + F_{y1D} \tag{2-43}$$

横摆运动方程为

$$I_{z1}\ddot{\varphi}_1 - I_{xz1}\ddot{\Phi}_{s1} = \sum M_{z1} \tag{2-44}$$

$$\sum M_{z1} = [(F_{x1fr} - F_{x1fl})\cos\delta + (F_{y1fr} - F_{y1fl})\sin\delta]\frac{B_1}{2}$$
$$+ [(F_{y1fl} - F_{y1fr})\cos\delta - (F_{x1fl} - F_{x1fr})\sin\delta]a_1$$
$$+ (F_{x1rr} - F_{x1rl})\frac{B_2}{2} - (F_{y1rr} + F_{y1rl})b_1 + cF_{y1D} - D_z\dot{\theta} \tag{2-45}$$

簧载质量侧倾运动方程为

$$I_{x1}\ddot{\Phi}_{s1} - I_{xz1}\ddot{\varphi}_1 + m_{s1}h_{s1}(\dot{v}_1 + u_1\dot{\varphi}_1)\cos\Phi_{s1} - m_{s1}gh_{s1}\sin\Phi_{s1}$$
$$= (F_{s1l} - F_{s1r})\frac{d_1}{2}\cos(\Phi_{s1} - \Phi_{1f}) + (F_{s2l} - F_{s2r})\frac{d_2}{2}\cos(\Phi_{s1} - \Phi_{1f})$$
$$+ F_{y1D}h_{s1} - D_x(\dot{\Phi}_{s1} - \dot{\Phi}_{s2}) \tag{2-46}$$

2.6.2 半挂车模型

纵向运动方程为

$$m_2(\dot{u}_2 - v_2\dot{\varphi}_2) = -F_{x2rl} - F_{x2rr} - F_{x2D} \tag{2-47}$$

侧向运动方程为

$$m_2(\dot{v}_2 + u_2\dot{\varphi}_2) = F_{y2rl} + F_{y2rr} + F_{y2D} \tag{2-48}$$

横摆运动方程为

$$I_{z2}\ddot{\varphi}_2 - I_{xz2}\ddot{\Phi}_{s2} = \sum M_{z2} \tag{2-49}$$

$$\sum M_{z2} = (F_{x2rr} - F_{x2rl})\frac{B_3}{2} - (F_{y2rl} - F_{y2rr})b_2 + F_{y2D}a_2 - D_z\dot{\theta} \tag{2-50}$$

簧载质量侧倾运动方程为

$$I_{x2}\ddot{\Phi}_{s2} - I_{xz2}\ddot{\varphi}_2 + m_{s2}h_{s2}(\dot{v}_2 + u_2\dot{\varphi}_2)\cos\Phi_{s2} - m_{s2}gh_{s2}\sin\Phi_{s2}$$
$$= (F_{s3l} - F_{s3r})\frac{d_3}{2}\cos(\Phi_{s2} - \Phi_{2r}) + F_{y2D}h_{s2} - D_x(\dot{\Phi}_{s1} - \dot{\Phi}_{s2}) \tag{2-51}$$

牵引车与半挂车的铰接点 D(鞍座)所受的分力关系(图2-12)为

$$F_{x2D} = F_{x1D}\cos\theta + F_{y1D}\sin\theta \tag{2-52}$$

$$F_{y2D} = F_{y1D}\cos\theta - F_{x1D}\sin\theta \tag{2-53}$$

$$\dot{\theta} = \dot{\varphi}_1 - \dot{\varphi}_2 \tag{2-54}$$

第 2 章 重型半挂车弯道制动动力学模型分析

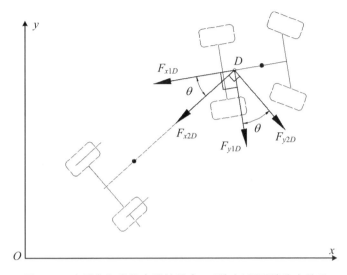

图 2-12 牵引车与半挂车的铰接点 D(鞍座)所受的分力关系

2.6.3 运动学方程

对重型半挂车转弯制动动力学进行分析时,建立了三个参考坐标系:xOy 为地面坐标系;以牵引车质心 O_1 为原点,牵引车前进方向为 x_1 轴,牵引车转向内侧为 y_1 轴,建立牵引车坐标系 $x_1O_1y_1$;以半挂车质心 O_2 为原点,半挂车前进方向为 x_2 轴,半挂车转向内侧为 y_2 轴,建立半挂车坐标系 $x_2O_2y_2$。

在牵引车坐标系中,如果牵引车的速度为 V,质心侧偏角为 β,则牵引车的纵向速度和侧向速度为

$$u_1 = V\cos\beta \tag{2-55}$$

$$v_1 = V\sin\beta \tag{2-56}$$

由牵引车的纵向速度和侧向速度,可知牵引车质心点 O_1 的加速度为

$$a_{x1} = \dot{u}_1 - v_1\dot{\varphi}_1 \tag{2-57}$$

$$a_{y1} = \dot{v}_1 + u_1\dot{\varphi}_1 \tag{2-58}$$

牵引车和半挂车的鞍座铰接点 D 的速度和加速度为

$$u_D = u_1 \tag{2-59}$$

$$v_D = v_1 - c\dot{\varphi}_1 \tag{2-60}$$

$$a_{xD} = \dot{u}_1 - v_1\dot{\varphi}_1 + c\ddot{\varphi}_1 \tag{2-61}$$

$$a_{yD} = \dot{v}_1 + u_1\dot{\varphi}_1 - c\ddot{\varphi}_1 \tag{2-62}$$

由此半挂车质心点的速度和加速度为

$$u_2 = u_1 \cos\theta - v_1 \sin\theta + c\dot{\varphi}_1 \sin\theta \tag{2-63}$$

$$v_2 = u_1 \sin\theta + v_1 \cos\theta - c\dot{\varphi}_1 \cos\theta - a_2\dot{\varphi}_2 \tag{2-64}$$

$$a_{x2} = \dot{u}_1 \cos\theta - \dot{v}_1 \sin\theta + c\ddot{\varphi}_1 \sin\theta - u_1\dot{\varphi}_2 \sin\theta$$
$$- v_1\dot{\varphi}_2 \cos\theta + c\dot{\varphi}_1\dot{\varphi}_2 \cos\theta + a_2\ddot{\varphi}_2 \tag{2-65}$$

$$a_{y2} = \dot{u}_1 \sin\theta + \dot{v}_1 \cos\theta - c\ddot{\varphi}_1 \cos\theta + u_1\dot{\varphi}_2 \cos\theta$$
$$- v_1\dot{\varphi}_2 \sin\theta + c\dot{\varphi}_1\dot{\varphi}_2 \sin\theta \tag{2-66}$$

由重型半挂车的动力学方程和运动学方程，可求得牵引车和半挂车三个车轴六个车轮的侧偏角。

牵引车前轴左右车轮的侧偏角为

$$\alpha_{1fl} = \arctan\left(\frac{v_1 + a_1\dot{\varphi}_1}{u_1 + \frac{B_1}{2}\dot{\varphi}_1}\right) - \delta \tag{2-67}$$

$$\alpha_{1fr} = \arctan\left(\frac{v_1 + a_1\dot{\varphi}_1}{u_1 - \frac{B_1}{2}\dot{\varphi}_1}\right) - \delta \tag{2-68}$$

牵引车后轴左右车轮的侧偏角为

$$\alpha_{1rl} = \arctan\left(\frac{v_1 - b_1\dot{\varphi}_1}{u_1 + \frac{B_2}{2}\dot{\varphi}_1}\right) \tag{2-69}$$

$$\alpha_{1rr} = \arctan\left(\frac{v_1 - b_1\dot{\varphi}_1}{u_1 - \frac{B_2}{2}\dot{\varphi}_1}\right) \tag{2-70}$$

半挂车左右车轮的侧偏角为

$$\alpha_{2rl} = \arctan\left(\frac{v_2 - b_2\dot{\varphi}_2}{u_2 + \frac{B_3}{2}\dot{\varphi}_2}\right) \tag{2-71}$$

$$\alpha_{2rr} = \arctan\left(\frac{v_2 - b_2\dot{\varphi}_2}{u_2 - \frac{B_3}{2}\dot{\varphi}_2}\right) \tag{2-72}$$

2.6.4 车轮的运动学方程

各车轮轮心在车轮坐标系下的纵向速度为

$$V_{1\_fl} = (u_1 + \frac{B_1}{2}\dot{\varphi}_1)\cos\delta + (v_1 + a_1\dot{\varphi}_1)\sin\delta \tag{2-73}$$

$$V_{1\_fr} = (u_1 - \frac{B_1}{2}\dot{\varphi}_1)\cos\delta + (v_1 + a_1\dot{\varphi}_1)\sin\delta \quad (2\text{-}74)$$

$$V_{1\_rl} = u_1 + \frac{B_2}{2}\dot{\varphi}_1 \quad (2\text{-}75)$$

$$V_{1\_rr} = u_1 - \frac{B_2}{2}\dot{\varphi}_1 \quad (2\text{-}76)$$

$$V_{2\_rl} = u_2 + \frac{B_3}{2}\dot{\varphi}_2 \quad (2\text{-}77)$$

$$V_{2\_rr} = u_2 - \frac{B_3}{2}\dot{\varphi}_2 \quad (2\text{-}78)$$

其中,V_{1_fl}、V_{1_fr}、V_{1_rl}、V_{1_rr}、V_{2_rl}、V_{2_rr} 为轮胎坐标系下的轮胎纵向速度。

各车轮滑移率为

$$\lambda_{1\_fl} = \frac{w_{1\_fl}R - V_{1\_fl}}{V_{1\_fl}} \quad (2\text{-}79)$$

$$\lambda_{1\_fr} = \frac{w_{1\_fr}R - V_{1\_fr}}{V_{1\_fr}} \quad (2\text{-}80)$$

$$\lambda_{1\_rl} = \frac{w_{1\_rl}R - V_{1\_rl}}{V_{t\_rl}} \quad (2\text{-}81)$$

$$\lambda_{1\_rr} = \frac{w_{1\_rr}R - V_{1\_rr}}{V_{1\_rr}} \quad (2\text{-}82)$$

$$\lambda_{2\_rl} = \frac{w_{2\_rl}R - V_{2\_rl}}{V_{2\_rl}} \quad (2\text{-}83)$$

$$\lambda_{2\_rr} = \frac{w_{2\_rr}R - V_{2\_rr}}{V_{2\_rr}} \quad (2\text{-}84)$$

2.6.5 载荷转移分析

牵引车转向轴的动态载荷方程为

$$F_{z1f} = \frac{m_{s1}gb_1}{2(a_1+b_1)} + \frac{m_{s2}gb_2c}{2(a_1+b_1)(a_2+b_2)} \\ + \dot{u}_1\left[\frac{m_{s1}h_1}{a_1+b_1} + m_{s2}\frac{(h_3-h_2)(b_1-c)}{(a_1+b_1)(a_2+b_2)} + \frac{m_{s2}h_3}{a_1+b_1}\right] \quad (2\text{-}85)$$

牵引车驱动轴的动态载荷方程为

$$F_{z1r} = \frac{m_{s1}g}{2} + \frac{m_{s2}gb_2}{2(a_2+b_2)} - \frac{m_{s1}gb_1}{2(a_1+b_1)} - \frac{m_{s2}gb_2c}{2(a_1+b_1)(a_2+b_2)} \\ + \dot{u}_1\left[m_{s2}\frac{(h_2-h_3)(a_1+c)}{(a_1+b_1)(a_2+b_2)} - \frac{m_{s2}h_3 + m_{s1}h_1}{a_1+b_1}\right] \quad (2\text{-}86)$$

半挂车车轴的动态载荷方程为

$$F_{z2r} = \frac{m_{s2}g}{2} - m_{s2}\dot{u}_2 \frac{h_2 - h_3}{a_2 - b_2} - \frac{m_{s2}gb_2}{2(a_2 + b_2)} \qquad (2\text{-}87)$$

将半挂汽车列车各车轴的动态荷载方程与准静态平衡方程(2-18)~方程(2-20)比较,得到车辆各轴的载荷纵向转移量。

牵引车转向轴载荷纵向转移量为

$$\Delta F_{z1} = \dot{u}_1 \left[\frac{m_{s1}h_1}{a_1 + b_1} + m_{s2}\frac{(h_2 - h_3)(b_1 - c)}{(a_1 + b_1)(a_2 + b_2)} + \frac{m_{s2}h_3}{a_1 + b_1} \right] \qquad (2\text{-}88)$$

牵引车驱动轴载荷纵向转移量为

$$\Delta F_{z2} = \dot{u}_1 \left[m_{s2}\frac{(h_2 - h_3)(a_1 + c)}{(a_1 + b_1)(a_2 + b_2)} - \frac{m_{s2}h_3 + m_{s1}h_1}{a_1 + b_1} \right] \qquad (2\text{-}89)$$

半挂车车轴载荷纵向转移量为

$$\Delta F_{z3} = -m_{s2}\dot{u}_2 \frac{h_2 - h_3}{a_2 - b_2} \qquad (2\text{-}90)$$

半挂汽车列车非簧载质量的侧倾角度很小。为方便动力学微分方程组求解,将其忽略不计。通过对车辆非簧载质量的力矩平衡分析,就可算得车辆各轴载荷的横向转移量。

牵引车转向轴侧倾力矩平衡方程式为

$$m_{1f}h_{x1}(1 - \sin\Phi_{1f})(\dot{v}_1 + u_1\dot{\varphi}_1) - h_{c1}(F_{y1fl} + F_{y1fr}) + m_{1f}gh_{x1}\sin\Phi_{1f}$$
$$-\Delta F_{z1f}\frac{B_1}{2} - (F_{s11} - F_{s12})\frac{d_1}{2}\cos\Phi_{1f} = 0 \qquad (2\text{-}91)$$

牵引车驱动轴侧倾力矩平衡方程式为

$$m_{1r}h_{x2}(\dot{v}_1 + u_1\dot{\varphi}_1) - h_{c1}(F_{y1rl} + F_{y1rr}) + m_{1r}gh_{x2}\sin\Phi_{1r}$$
$$-\Delta F_{z1r}\frac{B_2}{2} - (F_{s21} - F_{s22})\frac{d_2}{2}\cos\Phi_{1r} = 0 \qquad (2\text{-}92)$$

挂车车轴侧倾力矩平衡方程式为

$$m_{2r}h_{x3}(\dot{v}_2 + u_2\dot{\varphi}_2) - h_{c2}(F_{y2rl} + F_{y2rr}) + m_{2r}gh_{x3}\sin\Phi_{2r}$$
$$-\Delta F_{z2r}\frac{B_3}{2} - (F_{s31} - F_{s32})\frac{d_3}{2}\cos\Phi_{2r} = 0 \qquad (2\text{-}93)$$

为便于分析将半挂汽车列车模型简化,可近似认为各轴轮距相等,即 $B_1 = B_2 = B_3 = B$。利用式(2-46)和式(2-51)可以得到半挂汽车列车每根车轴的横向载荷转移量。

牵引车转向轴载荷横向转移量为

$$\Delta F_{z1f} = [2m_{1f}h_{x1}(1 - \sin\Phi_{1f})(\dot{v}_1 + u_1\dot{\varphi}_1) - 2h_{c1}(F_{y1fl} + F_{y1fr})$$
$$+ 2m_{1f}gh_{x1}\sin\Phi_{1f} - (F_{s11} - F_{s12})d_1\cos\Phi_{1f}]/B \qquad (2\text{-}94)$$

牵引车驱动轴载荷横向转移量为

$$\Delta F_{z1r} = [2m_1 h_{x2}(\dot{v}_1 + u_1 \dot{\varphi}_1) - 2h_{c1}(F_{y1rl} + F_{y1rr}) \\ + 2m_{1r}gh_{x2}\sin\Phi_{1r} - (F_{s21} - F_{s22})d_2 \cos\Phi_{1r}]/B \quad (2\text{-}95)$$

半挂车车轴载荷横向转移量为

$$\Delta F_{z2r} = [2m_2 h_{x3}(\dot{v}_2 + u_2 \dot{\varphi}_2) - 2h_{c2}(F_{y2rl} + F_{y2rr}) \\ + 2m_{2r}gh_{x3}\sin\Phi_{2r} - (F_{s31} - F_{s32})d_3 \cos\Phi_{2r}]/B \quad (2\text{-}96)$$

将式(2-94)~式(2-96)与式(2-85)~式(2-87)联立。可以进一步得到半挂汽车列车每个轮胎的实际动态载荷为

$$F_{z1fl} = \frac{1}{2}F_{z1f} + \Delta F_{z1f} \quad (2\text{-}97)$$

$$F_{z1fr} = \frac{1}{2}F_{z1f} - \Delta F_{z1f} \quad (2\text{-}98)$$

$$F_{z1rl} = \frac{1}{2}F_{z1r} + \Delta F_{z1r} \quad (2\text{-}99)$$

$$F_{z1rr} = \frac{1}{2}F_{z1r} - \Delta F_{z1r} \quad (2\text{-}100)$$

$$F_{z2rl} = \frac{1}{2}F_{z2r} + \Delta F_{z2r} \quad (2\text{-}101)$$

$$F_{z2rr} = \frac{1}{2}F_{z2r} - \Delta F_{z2r} \quad (2\text{-}102)$$

以上载荷转移量充分考虑了轮胎制动力、侧向加速度、悬架和鞍座作用力和力矩对车辆载荷转移的影响，更全面准确地还原了半挂汽车列车实际转弯制动的动力学特性。

半挂汽车列车弯道制动模型受力分析时所涉及的参数及其物理意义列于表2-2中。

表 2-2　公式中各符号的含义

符号	所代表的物理量	符号	所代表的物理量
m_{s1}	牵引车簧载质量	m_{s2}	半挂车簧载质量
m_1	牵引车质量	m_2	半挂车质量
m_{1f}	牵引车转向轴非簧载质量	m_{1r}	牵引车驱动轴非簧载质量
m_{2r}	半挂车车轴非簧载质量	a_1	牵引车前轴至牵引车质心距离
b_1	牵引车后轴至牵引车质心距离	a_2	铰接点(鞍座)至半挂车质心距离
b_2	半挂车后轴至半挂车质心距离	c	铰接点(鞍座)至牵引车质心距离

续表

符号	所代表的物理量	符号	所代表的物理量
φ_1	牵引车横摆角	φ_2	半挂车横摆角
Φ_{s1}	牵引车簧载质量侧倾角	Φ_{s2}	半挂车簧载质量侧倾角
Φ_{1f}	牵引车转向轴非簧载质量侧倾角	Φ_{1r}	牵引车驱动轴非簧载质量侧倾角
Φ_{2r}	半挂车车轴非簧载质量侧倾角	δ	牵引车转向轴车轮转角
B	重型半挂汽车各轴轮距	α_{1fl}	牵引车转向轴左轮侧偏角
α_{1fr}	牵引车转向轴右轮侧偏角	α_{1rl}	牵引车驱动轴左轮侧偏角
α_{1rr}	牵引车驱动轴右轮侧偏角	α_{2l}	半挂车车轴左轮侧偏角
α_{2r}	半挂车车轴右轮侧偏角	F_{x1fl}	牵引车转向轴左轮纵向力
F_{x1fr}	牵引车转向轴右轮纵向力	F_{y1fl}	牵引车转向轴左轮侧向力
F_{y1fr}	牵引车转向轴右轮侧向力	F_{x1rl}	牵引车驱动轴左轮纵向力
F_{y1rl}	牵引车驱动轴左轮侧向力	F_{x1rr}	牵引车驱动轴右轮纵向力
F_{y1rr}	牵引车驱动轴右轮侧向力	F_{x2rl}	半挂车车轴左轮纵向力
F_{x2rr}	半挂车车轴右轮纵向力	F_{y2rl}	半挂车车轴左轮侧向力
F_{y2rr}	半挂车车轴右轮侧向力	F_{x1D}	铰接点处鞍座对牵引车的纵向力
F_{y1D}	铰接点处鞍座对牵引车的侧向力	F_{x2D}	铰接点处半挂车对鞍座的纵向力
F_{y2D}	铰接点处半挂车对鞍座的侧向力	θ	牵引车和半挂车之间的铰接角
h_1	牵引车质心距地高度	h_2	半挂车质心距地高度
h_3	牵引销距地高度	d_1	牵引车转向轴悬架弹簧间距
h_{s1}	牵引车簧载质量质心至侧倾中心距离	h_{s2}	半挂车簧载质量质心至侧倾中心距离
h_{c1}	牵引车侧倾中心距地高度	h_{c2}	半挂侧倾中心距地高度
d_2	牵引车驱动轴悬架弹簧间距	d_3	半挂车车轴悬架弹簧间距
h_{x1}	牵引车侧倾中心到转向轴水平中心距	h_{x2}	牵引车侧倾中心到驱动轴水平中心距
I_{z1}	牵引车整车绕 z 轴转动惯量	I_{z2}	半挂车整车绕 z 轴转动惯量
I_{xz1}	牵引车簧载质量绕 x、z 的惯性积	I_{xz2}	半挂车簧载质量绕 x、z 的惯性积
u_1	牵引车纵向车速	v_1	牵引车横向车速
u_2	半挂车纵向车速	v_2	半挂车横向车速
F_{zr1}	牵引车驱动轴动态法向载荷	F_{zr2}	半挂车车轴动态法相载荷
I_ω	车轮的旋转转动惯量	ω_i	各车轮的旋转角速度
$M_{\mu i}$	分配给各车轮的制动力矩	R	车轮的滚动半径

续表

符号	所代表的物理量	符号	所代表的物理量
φ_1	牵引车横摆角	φ_2	半挂车横摆角
F_{xi}	各车轮的纵向力	a_{x1}	牵引车质心的纵向加速度
a_{y1}	牵引车质心的侧向加速度	u_c	铰接点的纵向速度
a_{yc}	铰接点的侧向加速度	a_{xc}	铰接点的纵向加速度
v_c	铰接点的侧向速度	a_{x2}	半挂车质心的纵向加速度
a_{y2}	半挂车质心的侧向加速度	ΔF_{z1f}	转向轴轮胎载荷的横向转移量
ΔF_{z1r}	驱动轴轮胎载荷的横向转移量	ΔF_{z2r}	半挂车车轴轮胎载荷横向转移量
F_{z1fl}	牵引车转向轴左轮动态法向载荷	F_{z1fr}	牵引车转向轴右轮动态法向载荷
F_{z1rl}	牵引车驱动轴左轮动态法向载荷	F_{z1rr}	牵引车驱动轴右轮动态法向载荷
F_{z2rl}	半挂车车轴左轮动态法向载荷	F_{z2rr}	半挂车车轴右轮动态法向载荷
ΔF_{z1}	牵引车转向轴载荷的纵向转移量	ΔF_{z2}	牵引车驱动轴载荷的纵向转移量
ΔF_{z3}	半挂车车轴载荷的纵向转移量	β	牵引车质心侧偏角

第 3 章 TruckSim 动力学仿真软件介绍

3.1 TruckSim 动力学仿真软件功能和特点

TruckSim 软件是由美国机械仿真公司（Mechanical Simulation Corporation，简称 MSC，专门研究汽车动力学软件的专业公司）开发的专为卡车、重型半挂车等重型汽车进行动态仿真的软件，广泛应用于现代重型汽车动力学系统开发。

3.1.1 TruckSim 软件功能

TruckSim 采用面向特性的参数化建模手段，用于仿真及分析轻型货车、大客车、重型半挂车、重型卡车、多轴军用汽车，其中包括具有双轮、非对称转向系统、多轴及单个或多个拖车等情况的车辆对驾驶员操纵（转向、制动、加速）、3D 路面及空气动力学输入的响应，主要用来预测和仿真汽车整车的操纵稳定性、制动性、平顺性、动力性和经济性，是中型到重型的卡车、客车和挂车动力学特性仿真和分析的首选工具。

3.1.2 TruckSim 软件特点

1. 使用方便性

TruckSim 主要由图形化数据库、车辆数学模型及求解器、仿真动画显示器和绘图器四部分组成。所有组成部分均由一个图形用户界面来控制。软件操作时可通过点击"Run Math Model"来进行仿真；通过点击"Video"按钮可以以三维动画形式观察仿真的结果；点击"Plot"按钮可以察看仿真结果拟合的曲线。TruckSim 软件操作方便，用户可在短时间内掌握，完成车辆仿真并观察仿真结果。

2. 运算快速性

TruckSim 将整车数学模型与计算速度很好地结合在一起,车辆模型在主频为 3 GHz 的 PC 机上能以十倍于实时的速度运行。TruckSim 快速特性使其可以应用于车辆优化及试验设计等场合。

3. 仿真精度高

TruckSim 建立在对车辆特性几十年的研究基础之上,软件通过数学模型来表现车辆的特性。软件自身所提供的仿真实例,都有相应的实验验证,很多汽车制造商提供的车辆实验结果与 TruckSim 仿真结果一致。

4. 可扩展性强

TruckSim 数学模型的运动关系式已经标准化,并能和用户扩展的控制器、测试设备及子系统协调工作;TruckSim 自带的内嵌模块可嵌入模型的 MATLAB/Simulink S-函数,具有为生成单独 exe 文件的可扩展 C 代码的库文件。TruckSim 软件的 MATLAB CMEX 函数可在 MATLAB/Simulink 环境中使用,可以快速建立控制器开发的数学模型。

3.2 TruckSim 主界面及菜单功能

3.2.1 TruckSim 软件主界面

TruckSim 软件的主界面如图 3-1 所示,主要由前处理、处理(求解器)、后处理三部分组成。

1. 前处理部分

此部分包括整车模型数据库(可以设置整车各部件的结构参数)、方向和速度控制数据库(可以设置车辆仿真的工况)、外部环境数据库(包括路面信息、风等外部环境信息)等。前处理部分除了可以设置仿真车辆模型的结构参数、仿真过程的外界环境因素以外,还可以设置驾驶员在仿真过程中对车辆的控制因素。

2. 处理(求解器)部分

此部分可以设置仿真时间、仿真步长等仿真参数信息,并可以启动前面建立好的车辆仿真模型使之进行计算。处理(求解器)部分是 TruckSim 求解运算的内核部分,可通过"Models"按钮与 MATLAB/Simulink、C 语言等方便地连接,将仿模型输入到对应的软件中,与其进行联合仿真。

3. 后处理部分

此部分包括对仿真结果以 3D 动画形式演示,并绘制出仿真过程各参数曲线,可以导出仿真过程中各参数数据,对仿真中车辆各参数进行定量分析。

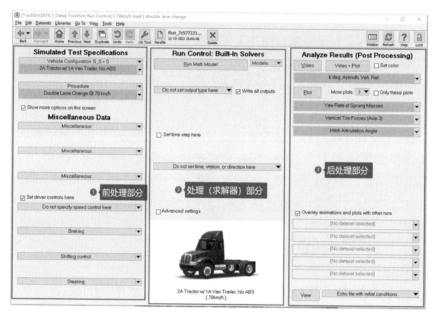

图 3-1　TruckSim 软件主界面

3.2.2　TruckSim 软件主要下拉菜单

TruckSim 软件操作界面(图 3-2)的主要下拉菜单有"File""Edit""Datasets""Libraries""Go To""Tools""View""Help"。

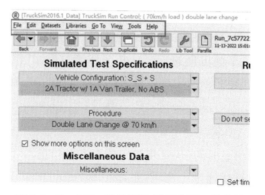

图 3-2　TruckSim 软件操作界面主要下拉菜单

1. File(文件)下拉菜单

File(文件)下拉菜单具体内容如图 3-3 所示。

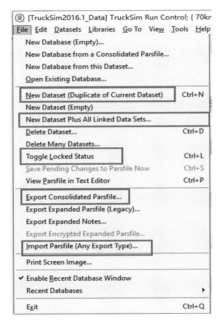

图 3-3　File(文件) 下拉菜单

其中比较常用的命令如下：

New Dataset(Duplicate of Current Dataset)：新建数据集(当前数据集的副本)。此命令可以建立一个新的数据集，复制当前数据集的内容。在 TruckSim 软件中，为了防止改变原来数据集的内容，用户在建立仿真模型时，通常都复制一个软件自带的当前数据集，在此基础上进行修改建立新的仿真模型。

New Dataset Plus All Linked Data Sets：新的数据集包含所有关联的数据集。此命令可以建立一个和当前数据集内容相同的数据集，建立时会要求输入不同的名称，并在所有关联的数据库中都建立同名的数据内容，这样可以改变任意关联的内容而不用担心改变软件自身的原始数据，但这会导致各个库都多增加一项内容，不仅使各个分类的库变得杂乱，而且运行该命令时间较长、生成文件较多、所占存储空间较大。

Toggle Locked Status：切换锁定状态。此命令可以对当前仿真模型进行锁定或解锁。如果当前状态为锁定状态，点击该命令时为解锁；如果当前状态为解锁状态，点击该命令时为锁定。当仿真模型被锁定时，无法改变各仿真参数，可智能查看当前仿真结果。

Export Consolidated Parsfile：导出合并的 Parsfile 文件。此命令可以将当前

仿真模型及结果导出成 cpar 文件，里面包含了当前仿真模型的参数及结果，可以通过后面的 Import Parsfile (Any Export Type)命令将文件导入。

Import Parsfile (Any Export Type)：导入任何格式化的 Par 文件。此命令可以将导出的各类 Par 文件导入当前 TruckSim 软件数据集中。

2. Edit(编辑)下拉菜单

Edit(编辑)下拉菜单具体内容如图 3-4 所示。

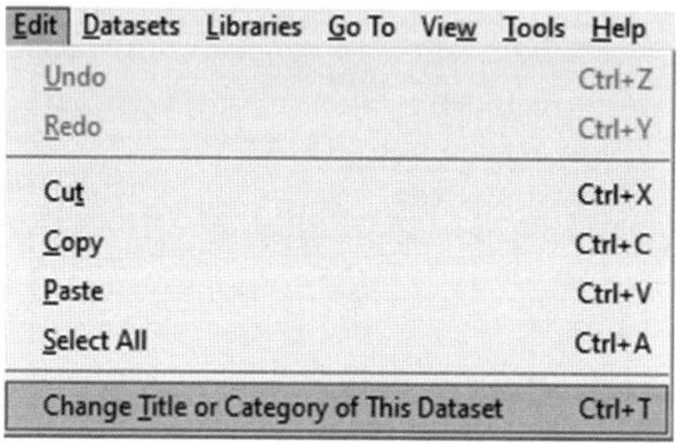

图 3-4　Edit(编辑)下拉菜单

其中 Change Title or Category of This Dataset 命令比较常用。

Change Title or Category of This Dataset：更改本数据集的标题或类别。此命令可以更改当前仿真模型的名称和所属的数据集。在仿真建模时一般利用现有仿真模型修改得到所需的仿真模型，但修改的模型会默认存在原有的数据集中，而此命令可以将自己修改建立的仿真模型更改名称或更改到自己所建立的数据集中，方便以后查找使用。

3. Datasets(数据库)下拉菜单

Datasets(数据库)下拉菜单内容如图 3-5 所示。Datasets 里面的仿真模型主要是 TruckSim 软件自带的仿真数据库，这些数据库提供了很多车型在各类工况下的仿真试验数据，建立的仿真模型也会存在 Datasets 中。

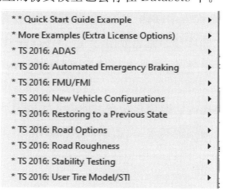

图 3-5　Datasets(数据库)下拉菜单

4．Libraries（库）下拉菜单

Libraries（库）下拉菜单如图 3-6 所示。库里文件为仿真中各组成模块部分，包括仿真汽车系统部件及仿真环境工况。在仿真过程中可以结合实际情况进行选择、更改，可选择的库文件有很多，如制动系统模型、传动系模型、转向模型、悬架模型、路面模型等文件。

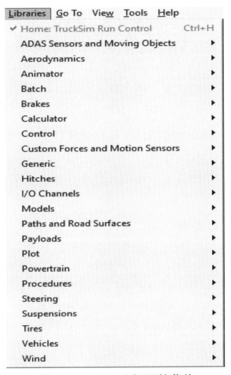

图 3-6　Libraries（库）下拉菜单

5．Go To（去）下拉菜单

Go To（去）下拉菜单如图 3-7 所示。

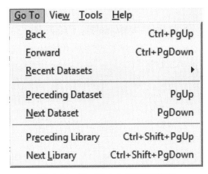

图 3-7　Go To（去）下拉菜单

Back:后退。使用此命令可以取消当前一步操作,后退到当前操作的前一步状态。

Forward:前进。在使用了 Back 命令后,如果要恢复刚才那一步操作,可以使用此命令。

Recent Datasets:最近的数据集。使用此命令可以查看最近使用的仿真数据集,可以快速进入近期操作过的仿真模型中。

Preceding Dataset:进入前一个数据集。使用此命令可以快速进入 Datasets(数据库)里面的下一个数据集对应的仿真模型,其顺序为 Datasets(数据库)中从上到下的顺序排列。

Next Dataset:下一个数据集。使用此命令可以快速进入下一个数据集对应的仿真模型。

Preceding Library:前一个库文件。使用此命令可以快速进入当前仿真模型对应库的前一个库。

Next Library:下一个库文件。使用此命令可以快速进入当前仿真模型对应库的下一个库。

6. View(查看)下拉菜单

View(查看)下拉菜单如图 3-8 所示。

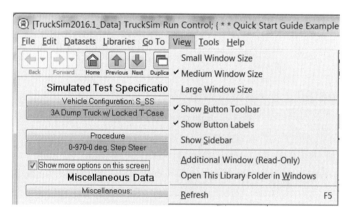

图 3-8　View(查看)下拉菜单

Small Window Size:小尺寸窗口。
Medium Window Size:中等尺寸窗口。
Large Window Size:大尺寸窗口。

这三个命令用来调整 TruckSim 软件显示界面的大小,可根据自己需要调整到合适的大小。TruckSim 软件显示界面的大小不能通过按住鼠标左键的方式进行调整。

Show Button Toolbar：显示工具栏按钮。

Show Button Labels：显示注释按钮。

Show Sidebar：显示侧边栏。

这三个命令可以用来控制 TruckSim 软件显示界面是否显示工具栏按钮和按钮的注释，其中 Sidebar 可显示仿真模型的具体模块架构，还可对仿真模型进行注释说明，如图 3-9 所示。

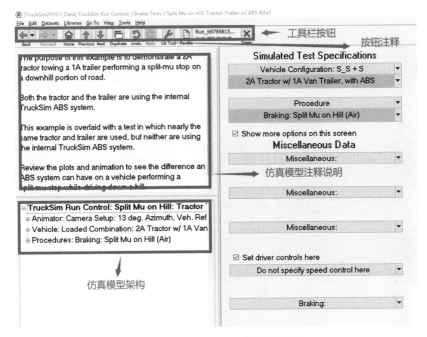

图 3-9 Show Sidebar 的显示界面

Additional Window（Read-only）：附加窗口（只读）。使用此命令可以打开一个和当前仿真模型一样的界面，但是各项仿真模块均被锁定无法修改，为只读状态。

Open This Library Folder in Windows：打开此库文件夹。此命令可以在 Windows 中打开此库文件夹。

Refresh：刷新。使用此命令可以刷新整个仿真模型。

7. Tools（工具）下拉菜单

Tools（工具）下拉菜单如图 3-10 所示。

Library Tool：库工具。使用此命令可以打开软件的库，并对各库包含的文件进行整理、移动、删除等操作。

Calculator：计算。使用此命令可以根据函数关系或提供的数据绘制对应的图线,用于构建新的仿真模块参数。

Batch Matrix:批处理矩阵。使用此命令可以设置需要进行批处理的条件,从而利用软件进行批处理仿真。

Batch Runs:批运行。使用此命令可以从现存的数据集中选择建立好的仿真模型进行批运行,并比较仿真结果。

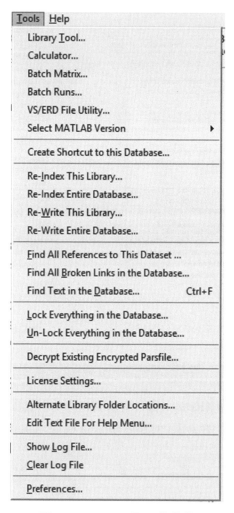

图 3-10　Tools(工具)下拉菜单

Lock Everything in the Database:锁定所有。使用此命令可以锁定数据集中所有仿真模型,使其无法随意修改。

Un-Lock Everything in the Database:解锁所有。使用此命令可以解锁数据集中所有仿真模型,使之处于可修改编辑状态。

8. Help(帮助)下拉菜单

Help(帮助)下拉菜单如图 3-11 所示。点击菜单中所列的项目,均可自动弹出关于该项内容的全英文的帮助文件(文件为 PDF 格式),对该项目的使用方法、作用做了详细的介绍。

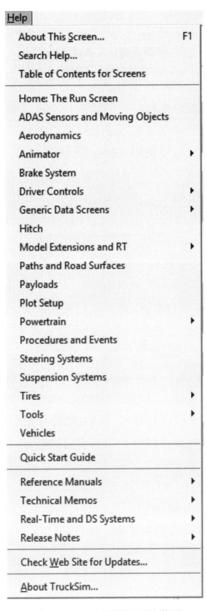

图 3-11　Help(帮助)下拉菜单

3.2.3 工具栏菜单

TruckSim 软件的工具栏菜单如图 3-12 所示，其中各图标的含义与作用如下。

图 3-12 工具栏菜单

1-后退，和前面介绍的 Go To 下拉菜单中的 Back 命令类似，该命令可以取消当前一步操作，后退到当前操作前一步的状态。

2-前进，和 Go To 下拉菜单中的 Forward 命令类似，当使用了 Back 命令后，如果要恢复刚才一步的操作，可以使用该命令。

3-主页，在仿真模型中设置各模块的参数后，点击该按钮可以回到仿真模型的主仿真页面。

4-前一个数据库，点击该按钮可以直接到上一个数据库（同一数据集中的上一个仿真模型）。

5-下一个数据库，点击该按钮可以直接到下一个数据库（同一数据集中的下一个仿真模型）。

6-复制当前模块中的所有数据，建立当前模块的副本，默认存在当前数据集，命名为当前数据库名字加♯1，点击该命名时会提示修改副本的名称。

7-撤销操作，撤销前一步在仿真模型上的操作。

8-重新操作，若有撤销过的操作，可以使用该按钮恢复上一步撤销的操作。

9-库工具，和 Tools（工具）下拉菜单中的 Library Tool 命令相同，可以打开软件的库，并对各库包含的文件进行整理、移动、删除等操作。

10-Par 文件，点击此按钮可以打开仿真模型的 ConTEXT 文件代码。

11-删除当前数据文件，此按钮需要谨慎操作，点击确认后删除当前仿真模型。

12-打开/关闭侧边栏，同 View（查看）下拉菜单中的 Show Sidebar 命令。

13-刷新，刷新建立的仿真模型。

14-帮助，打开当前仿真模型的帮助文件。

15-锁定/解锁，解锁或者锁定当前界面显示的仿真模块。

3.3 TruckSim 重型半挂车建模

3.3.1 整车参数建模

TruckSim 中自带了很多不同结构类型的车辆模型在不同工况下的仿真实例，这些实例经过了试验的验证，准确性很高。在建立整车模型时，可以找到需要的车型，在其基础上对结构参数进行设置调整，因此建模十分简便快捷。但需要注意，在原有车型上调整自己所需的参数时，一定要先复制 TruckSim 提供模型数据后，然后在复制的模型上进行调整设定，以防止更改原先的模型数据。如图 3-13 所示，这里选择的半挂车为 2 轴的牵引车和单轴半挂车。

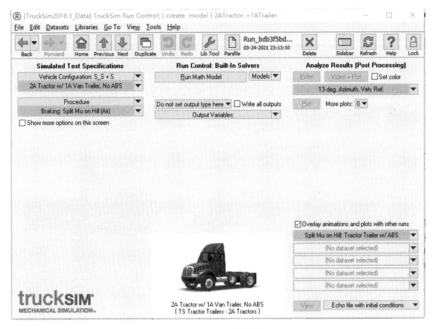

图 3-13 车型的选择

车型选择好之后，可以开始进行整车结构参数建模。重型半挂车由牵引车和半挂车两部分组成，在建模时要分别对牵引车和半挂车的各参数进行设定修改。整车建模主要是对车辆的整体尺寸、质量及绕各转动轴的转动惯量进行建模。如图 3-14 所示。

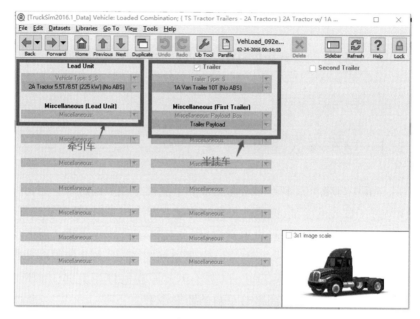

图 3-14　牵引车、半挂车设置界面

牵引车可以设置的参数非常多(图 3-15),包括车身整体结构参数,空气动力学、车厢外形、轮胎、转向盘、动力传动系统、第五轮(鞍座)的参数,还可以对牵引车转向轴和驱动轴的非簧载质量、刚度等进行设置,对牵引车转向轴和驱动轴的悬架

图 3-15　牵引车参数的设置

系统参数、制动系统参数、转向系统参数等进行设置。具体可以设置的参数如图 3-16 至图 3-26 所示。

图 3-16 为牵引车车身的结构参数设置界面，可以设置车身高度、质心距离前轴的距离、质心高度、簧载质量以及横摆惯量、俯仰惯量、侧倾惯量等。

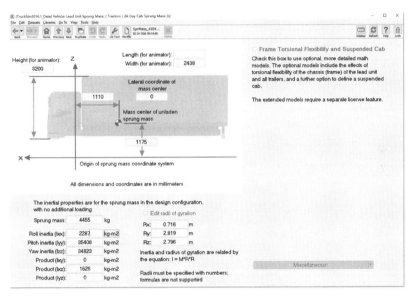

图 3-16　车身整体结构参数设置界面

图 3-17 为空气动力学参数设置界面，主要包括空气阻力受力点的位置、空气的相对速度、牵引车的迎风面积、空气密度等参数。

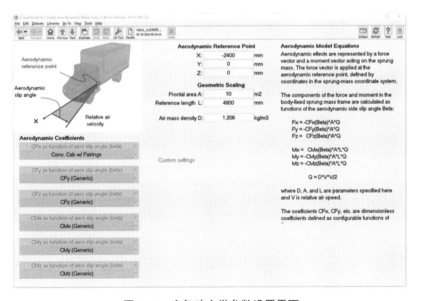

图 3-17　空气动力学参数设置界面

图 3-18 为车身外形参数设置界面，包括牵引车外形的长、宽、高，转向轮的轮距、驱动轴的轮距等，另外还可以设置牵引车的具体的外形，如什么样的车灯，轮胎在演示动画中的比例等。

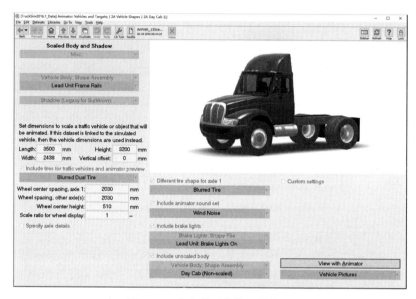

图 3-18　车身外形参数设置界面

图 3-19 为轮胎参数设置界面，可以选择不同类型的轮胎，设置轮胎的半径、承载能力，是否使用双轮胎等。

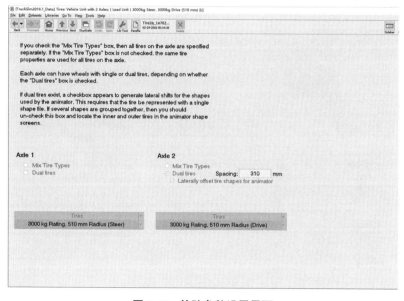

图 3-19　轮胎参数设置界面

图 3-20 为转向盘参数设置界面,可以对转向盘的阻尼特性进行设置,可选择多种形式的阻尼特性,包括按自己需要的方程进行设置,用于不同转向系统的仿真。另外还可以对转向传动比、转向轮阻力矩进行设置。

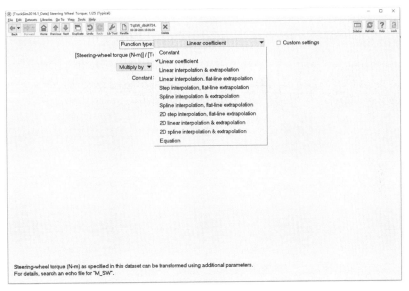

图 3-20　转向盘参数设置界面

图 3-21 为牵引车动力系统参数设置界面,可以设置发动机的功率特性、离合器的工作特性、变速器的挡位及各挡位的传动比,还可以对差速器参数进行设置。

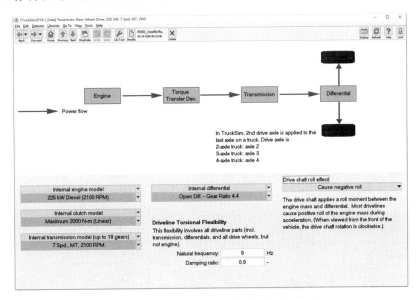

图 3-21　牵引车动力系统参数设置界面

图 3-22 为鞍座参数设置界面,可以设置鞍座的侧倾刚度、俯仰刚度、横摆刚度,以及鞍座的连接结构形式。

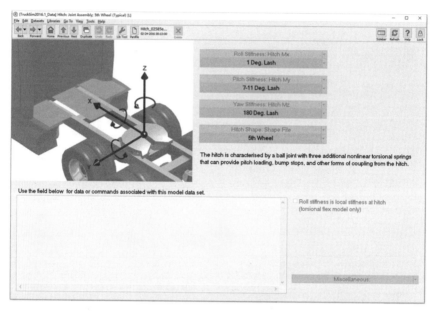

图 3-22 鞍座参数设置界面

图 3-23 为车轴参数设置界面,可以设置车轴是否为转向轴,车轴的非簧载质量,车轮的轮距,左右车轮的旋转惯量,车轮的外倾角、主销倾角等。

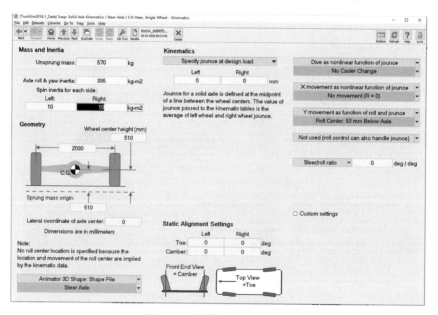

图 3-23 车轴参数设置界面

图 3-24 为悬架系统参数设置界面,可以对弹簧刚度、减震器阻尼系数、弹簧的压缩、拉伸行程,车轴的侧倾刚度等参数进行设置。

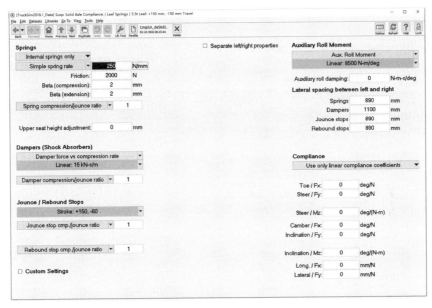

图 3-24　悬架系统参数设置界面

图 3-25 为制动系统参数设置界面,可以设置制动系统的类型是气压制动还是液压制动、制动压力的增益,以及制动过程是否进行不同形式的 ABS 控制。

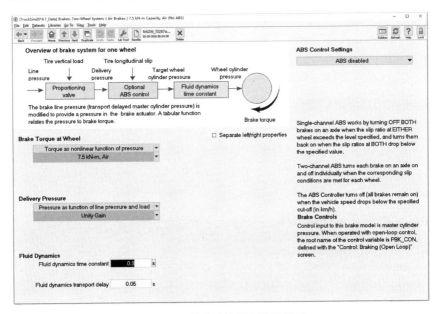

图 3-25　制动系统参数设置界面

图 3-26 为转向系统参数设置界面,可以设置转向杆、转向横拉杆的刚度,可以设置转向主销几何参数,并对转向系的运动学参数,两转向轮相互作用参数等进行设置。

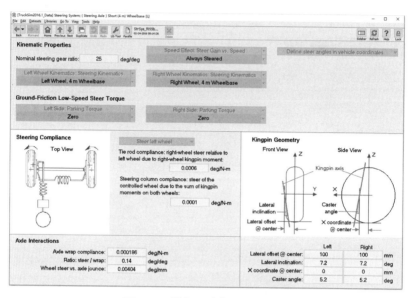

图 3-26　转向系统参数设置界面

图 3-27 为半挂车参数设置界面,可以设置的参数主要有车身结构、簧载质量、非簧载质量、空气动力学、悬架系统、制动系统、轮胎、车轴结构等。其中制动系统、

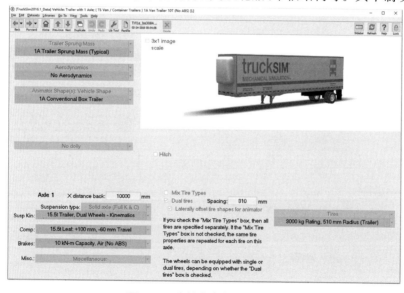

图 3-27　半挂车参数设置界面

悬架系统、车轴参数的设置界面与牵引车相似,不再详述,具体设置各项参数的界面如图 3-28、图 3-29 所示。半挂车中装载货物的参数设置如图 3-30 所示。

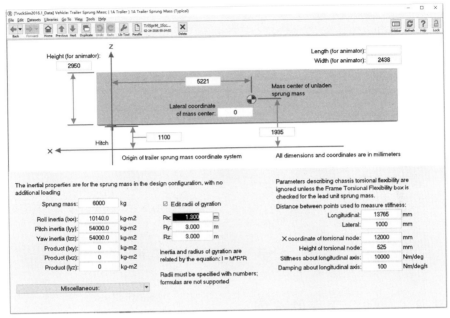

图 3-28　半挂车车身参数设置界面

图 3-29　半挂车车身外观设置界面

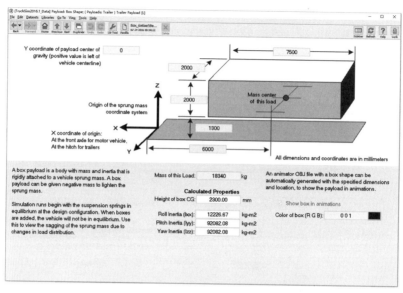

图 3-30　半挂车装载货物的参数设置界面

3.3.2　仿真工况的选择

TruckSim 中建立了许多种符合国际试验标准的仿真试验工况，可以选择需要的仿真工况，并设置相应的仿真参数即可，也可根据自己的需要进行设置，具体操作界面如图 3-31、图 3-32 所示。

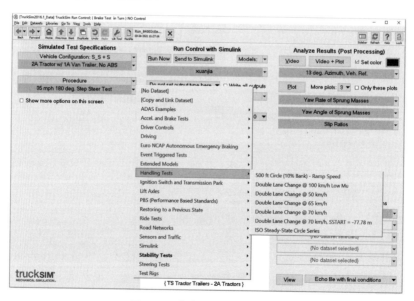

图 3-31　仿真工况的设置界面

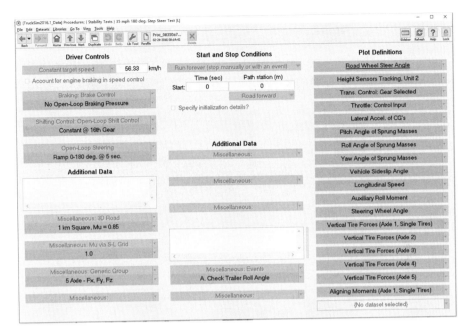

图 3-32　仿真过程参数的设置界面

仿真过程中,可以对驱动系统的控制进行设置,例如,采取什么形式的制动,是否进行换挡控制,仿真过程中的道路环境,半挂车采取何种行驶路径,仿真时长,仿真结果中主要观测哪些参数的变化,等等。

其中,道路环境设置用于模拟车辆经常行驶的道路环境,如直线道路、换道行驶、弯道行驶、环山公路行驶、爬坡行驶以及冰雪湿滑路面等。TruckSim 道路设置中可以设置三维路面,可以在任意位置将路面抬高,设置横向以及纵向坡度,同时可以任意设置道路形状、急弯缓弯等,用于模拟一些复杂的道路环境。TruckSim 道路设置中还可以任意变动路面附着系数,用于模拟一些易发生危险状况的低路面附着系数工况,同时还可以设置对开、对接路面,进行车辆制动性分析。公路上可以设置路标,路旁可以设置如矮山、树木等风景。道路宽度、车道数目以及需标明的线等都可以根据实际要求进行修改。

3.3.3　输入输出模块

TruckSim 支持 MATLAB/Simulink、LabVIEW、ASCET、dSPACE 等。外部模型或硬件在环变量可以输入给 TruckSim,TruckSim 也可以将其变量输出给外部模型或硬件在环模型。例如,当需要在原有车辆基础上加装诸如 ABS、主动转向、DYC、ESP 等控制系统时,则需采用 TruckSim/database 中的 Simulink 模型。

车辆仿真运行时将 TruckSim 车辆生成一个 S-Function 函数,该函数的输入为 Simulink 的输出,该函数的输出为 Simulink 的输入。图 3-33 为 TruckSim 与 Simulink 联合仿真程序。在 TruckSim 原有仿真试验中,在 MATLAB/Simulink 中建立了对制动系统进行滑移率控制的模块,相当于在原有车型上加装了 ABS 控制模块。

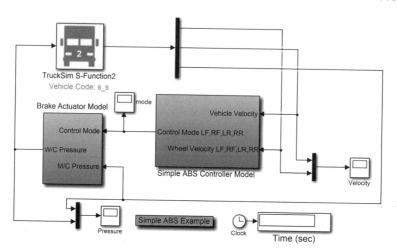

图 3-33　TruckSim 与 Simulink 联合仿真

TruckSim 的输入即 Simulink 的输出,由 Simulink 导入 TruckSim 的变量多达 354 个(图 3-34)。主要分为以下几部分:控制输入、轮胎/路面输入、轮胎的力和力矩、弹簧及阻尼力、转向系统的角度、传动系的力矩、制动力矩及制动压力、风的输入、任意的力和力矩等。

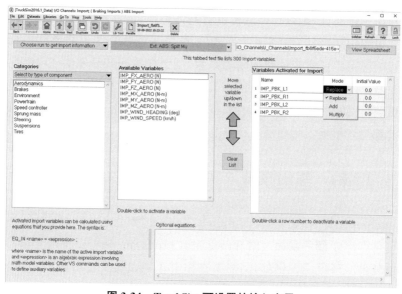

图 3-34　TruckSim 可设置的输入变量

可以在 Simulink 中定义变量，也可以在其他软件中定义并导入 Simulink 模型中。导入的变量将以三种可选择方式作用到 TruckSim 内部相应的变量中，用户可以选择需要的设置。这三种方式分别是：替换内部相应的变量、叠加至内部相应的变量以及与内部相应的变量相乘。

TruckSim 的输出即 Simulink 的输入，由 TruckSim 导入 Simulink 的变量多达 867 个（图 3-35）。如车辆各个部分的位置、姿态、运动变量以及受到的力和力矩等。

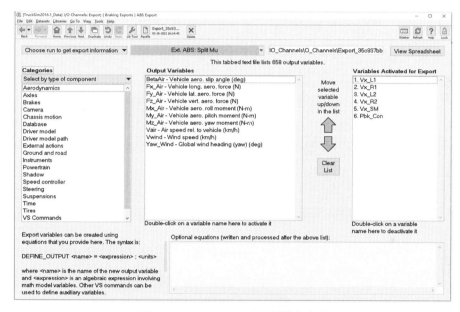

图 3-35　TruckSim 可设置的输出变量

第 4 章 重型半挂车行驶稳定性的影响参数

重型半挂车行驶的稳定性不仅与自身的结构参数有关,而且与驾驶员操作(即使用参数)也有关。这里利用 TruckSim 软件对三轴重型半挂车几种常见行驶工况的行驶过程进行仿真,量化使用参数和结构参数对重型半挂车行驶稳定性的影响。衡量重型半挂车行驶稳定性的参数主要有:① 牵引车和半挂车簧载质量的侧倾角、横摆角、横摆角速度。这三个参数可以评价重型半挂车车身在行驶过程中保持稳定性的状况。② 各轴车轮受到的地面垂直反力。车轮的垂直反力能反映出车轮接地情况,当同一车轴左右车轮受到地面垂直反力相差较大时,行驶稳定性变差。③ 牵引车和半挂车的铰接角。铰接角的大小能反映重型半挂车有没有发生折叠失稳。

4.1 整车建模

为了保证仿真模型的精确性,这里选用了 TruckSim 中经过验证的 2A Tractor/w1A Van Trailer 三轴重型半挂车模型,其牵引车为两轴牵引车,前轴单轮为转向轴,后轴为双轮驱动轴,半挂车为单轴双轮的车厢(图 4-1)。

图 4-1 三轴重型半挂车模型

4.1.1 牵引车

牵引车的主要结构参数如表 4-1 所示。

表 4-1　牵引车的主要结构参数

参数名称	牵引车参数取值	参数单位
车身长×宽×高	4800×2438×3200	mm
车身侧翻惯量(I_{xx})	2287	kg·m^2
车身俯仰惯量(I_{yy})	35408	kg·m^2
车身横摆惯量(I_{zz})	34823	kg·m^2
惯性积(I_{xy})	0	kg·m^2
惯性积(I_{xz})	1626	kg·m^2
惯性积(I_{yz})	0	kg·m^2
牵引车的簧载质量	4455	kg
质心与地面的距离	1175	mm
质心与前轴的距离	1110	mm
前后轴的距离	3500	mm
鞍座与前轴距离	2750	mm
鞍座与地面距离	1100	mm
前轴非簧载质量	570	kg
前轴俯仰惯量和侧翻惯量	335	kg·m^2
前轴左右车轮的转动惯量	10	kg·m^2
前轴轮距	2030	mm
前轴车轮自由半径	510	mm
前轴质心与地面距离	510	mm
后轴非簧载质量	735	kg
后轴俯仰惯量和侧翻惯量	285	kg·m^2
后轴左右车轮的转动惯量	20	kg·m^2
后轴轮距(内侧车轮)	1863	mm
后轴车轮自由半径	530	mm
后轴质心与地面距离	530	mm

4.1.2 半挂车

半挂车的主要结构参数如表 4-2 所示。

表 4-2 重型半挂式汽车的主要结构参数

参数名称	半挂车参数取值	参数单位
车身长×宽×高	10000×2438×2950	mm
车厢侧翻惯量(I_{xx})	10140	kg·m^2
车厢俯仰惯量(I_{yy})	54000	kg·m^2
车厢横摆惯量(I_{zz})	54000	kg·m^2
半挂车的簧载质量	6000	kg
惯性积(I_{xy})	0	kg·m^2
惯性积(I_{xz})	0	kg·m^2
惯性积(I_{yz})	0	kg·m^2
质心与鞍座距离	5221	mm
质心与地面距离	1935	mm
车厢轴与牵引车前轴距离	10000	mm
后轴非簧载质量	665	kg
后轴俯仰惯量和侧翻惯量	255	kg·m^2
后轴左右车轮的转动惯量	20	kg·m^2
后轴轮距(内侧车轮)	1863	mm
后轴车轮自由半径	530	mm
后轴质心与地面距离	530	mm

4.1.3 半挂车负载

半挂车负载模型简化成箱型,其主要结构参数如表 4-3 所示。

表 4-3 半挂车负载的主要结构参数

参数名称	半挂车参数取值	参数单位
负载长×宽×高	7500×2000×2000	mm
负载侧翻惯量(I_{xx})	12226.67	kg·m²
负载俯仰惯量(I_{yy})	92082.08	kg·m²
负载横摆惯量(I_{zz})	92082.08	kg·m²
负载质量	18340	kg
负载质心高度	2300	mm
负载质心与车厢底面距离	1300	mm
负载质心与鞍座距离	6000	mm

4.2 仿真工况建模

依据在 TruckSim 中建立好的重型半挂车模型,利用 TruckSim 中自带的仿真工况数据库,对其在双移线工况、固定方向盘转角转向行驶工况、J 型转向工况进行建模仿真。

4.2.1 双移线工况

双移线工况模拟重型半挂车在直线行驶时进行变道的情景。汽车先以一稳定车速行驶一段时间后进行变道再迅速切换回原车道,其特点是对车道的宽度进行设定,驾驶员在操作中是有预先准备的。在仿真中,可对仿真车辆的初始车速、道路环境、路面附着系数、汽车行驶的目标轨迹等参数进行设定。这里对仿真中的双移线行驶轨迹进行了固定设定,改变其他车辆自身参数及其他环境参数,来观察这些参数对重型半挂车行驶稳定性的影响。仿真中的双移线轨迹坐标数据如表 4-4 所示,由此数据可得到汽车的目标行驶轨迹(图 4-2)。

表 4-4 双移线轨迹坐标数据   单位：m

坐标	1	2	3	4	5	6	7	8	9	10	11	12	13	14	15
x 轴	0	61	70	75	80	85	90	95	120	125	130	135	140	145	149
y 轴	0	0	0.1	0.7	1.8	2.8	3.4	3.5	3.5	3.3	2.4	1.1	0.2	0	0

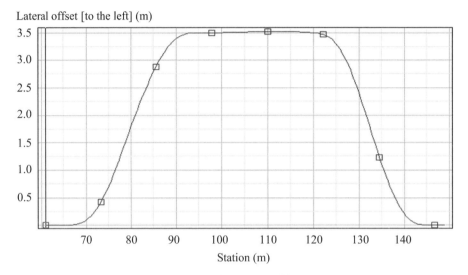

图 4-2 汽车的目标行驶轨迹

4.2.2 固定方向盘转角转向行驶工况

固定方向盘转角转向行驶工况用来模拟重型半挂车的稳态转向。汽车以稳定初始速度行驶一段时间后，以一个固定的方向盘转角进行稳态行驶，以此来观察汽车的行驶稳定性。仿真中可对道路状况、开始转向的时间、转向盘的转向角等参数进行设置。这里对行驶工况做了如下设定，重型半挂车以一定初始速度稳定直线行驶 2 秒钟后，驾驶员将转向盘转角固定为 180 度转角，改变使用参数及车辆结构参数来观察重型半挂车以固定转向角进行稳态转向行驶时的车身稳定性。具体转向角操作的设定如图 4-3 所示。

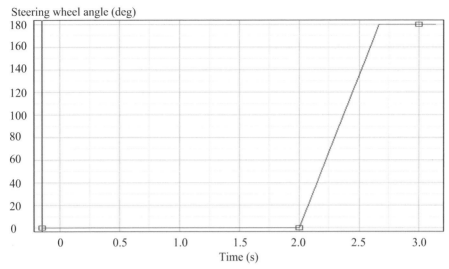

图 4-3 稳态转向转向盘转角的设定

4.2.3 J 型转向工况

J 型转向工况模拟重型半挂车在直线行驶中紧急避让障碍物的情景。驾驶员在直线行驶时,突然发现前面障碍物,立即猛打一把方向盘,然后迅速回正保持车辆稳定直线行驶,其特点是转向角度大,操作速度快。仿真中可对道路状况、转向盘紧急转向的角度、时间等参数进行设置。对 J 型转向工况的仿真参数具体设定如图 4-4 所示。

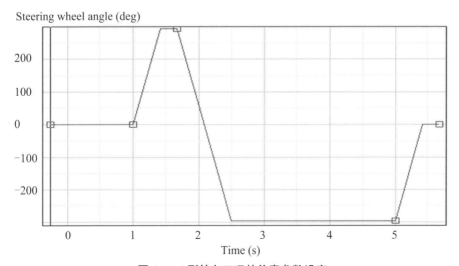

图 4-4 J 型转向工况的仿真参数设定

4.3 仿真结果分析

根据前面对三种仿真工况的设定,改变道路的附着系数、汽车的行驶初速度、转向时间、转向角度、车辆负载大小等使用参数,来观察使用参数对重型半挂车行驶稳定性的影响。

4.3.1 使用参数对行驶稳定性的影响

1. 行驶车速的影响

利用双移线工况来观察行驶车速对重型半挂车行驶稳定性的影响。这里假设路面附着系数良好,取附着系数 0.75。分别设定车辆行驶的速度为 50 km/h,60 km/h,70 km/h,观测在双移线工况行驶过程中影响车身稳定性的相关参数值。图 4-5 为不同车速时的车辆横向位移的情况。由图可知,随着车速的升高,车辆横向位移越大,有超出 3.5 m 宽车道的趋势。50 km/h 时,车辆变换车道时横向位移基本能在 3.5 m 内,而 70 km/h 时,横向位移最大,超出车道最多。

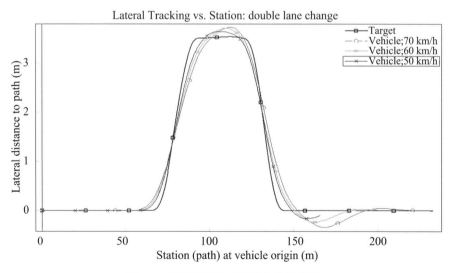

图 4-5 不同车速车身的横向位移轨迹

图 4-6 为不同车速时车辆质心的横向加速度。由图可知,随着车速的升高,车辆质心的横向加速度迅速增加,50 km/h 时重型半挂车的牵引车和挂车的质心横

向加速度约为 0.25g，70 km/h 时重型半挂车的牵引车和挂车的质心横向加速度达到了约 0.35g，已经有了失稳的危险。

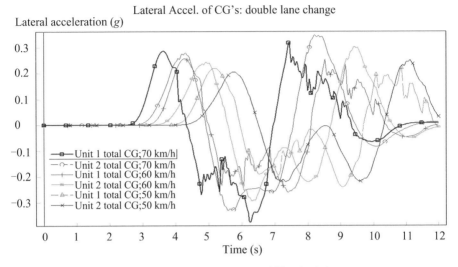

图 4-6　不同车速车辆质心的横向加速度

图 4-7 为不同车速转向轮的转角。由图可知，车速的数值变化范围较小，车速高时车轮转角大，在进行变道行驶时，车速越高所需要转角越小，仿真结果符合实际情况。

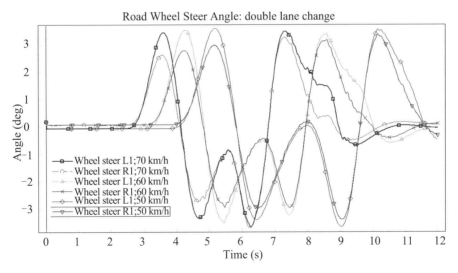

图 4-7　不同车速转向轮的转角

图 4-8 为不同车速时车身的横摆角度。由图可知，50 km/h 时重型半挂车的牵引车和挂车的横摆角度最大，70 km/h 时最小。由此可知，随着车速的升高，车身

横摆角度有减小的趋势。

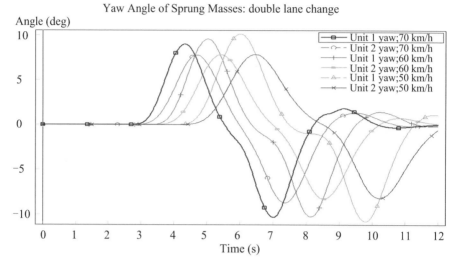

图 4-8　不同车速时车身的横摆角速度

图 4-9 为不同车速时车身侧倾角。由图可知,随着车速的增加,车身侧倾角有增加的趋势。

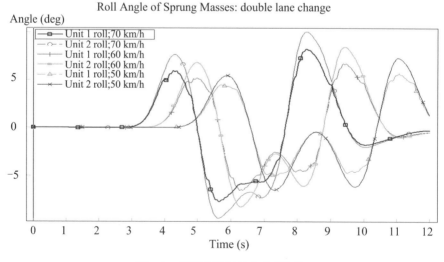

图 4-9　不同车速时的车身侧倾角

图 4-10 为不同车速时的车身俯仰角。由图可知,随着车速的增加,车身的俯仰角有增大的趋势,牵引车的俯仰角增加相对较小,半挂车的俯仰角增加较大,当重型半挂车的车速达 70 km/h 时,半挂车的俯仰角迅速增加,并且出现剧烈震荡。俯仰角过大,使得车身的平顺性和舒适性变差,挂车的俯仰角过大可能会造成车厢

内货物的移动碰撞,增大损坏货物的风险。

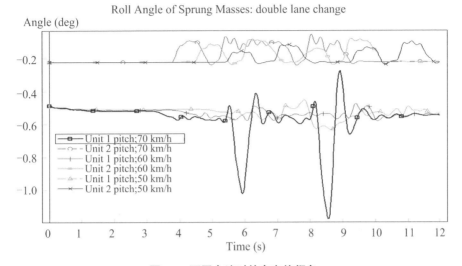

图 4-10 不同车速时的车身俯仰角

图 4-11 为不同车速时的车身横摆角速度。由图可知,随着车速的升高,车身的横摆角速度增大,而较大的横摆角速度使车身的稳定性变差。结合图 4-8、图 4-11 可知,随着车速的增加,虽然车身的横摆角度有所减小,但车身的横摆角速度却在增加。横摆角速度过大会加剧车身的横摆力矩,造成车身的横向旋转,致使车身失稳,故横摆角速度比横摆角度更能衡量车身的动态稳定性。

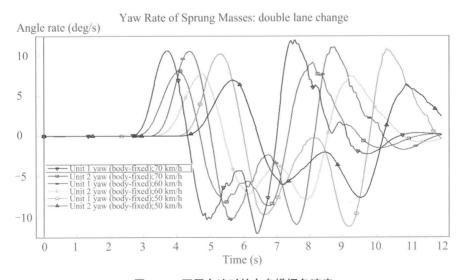

图 4-11 不同车速时的车身横摆角速度

图 4-12、图 4-13、图 4-14 分别为不同车速时重型半挂车的转向轮、驱动轮、半挂车从动轮受到的地面垂直反力。由图可知,随着车速的增加,车轮受到的地面垂直反力的震荡加剧,对于牵引车的驱动轮和半挂车的从动轮,外侧车轮受到地面垂直反力变化较内侧更大。过大的载荷变化时轮胎受力更大,并且使车身发生侧向摆动。当车轮受到地面垂直反力为 0 时,可认为车轮已经离开地面,车辆发生了失稳。图 4-12、图 4-13、图 4-14 中,车速达 70 km/h 时,牵引车的转向轮、驱动轮和半挂车从动轮均有为 0 离开地面的现象,说明车辆已经发生了失稳,车速达 60 km/h 时转向轮外侧有短时为 0 现象,说明有发生失稳的危险。对比三图还可以看出,车速达 70 km/h 时驱动轮为 0 的时刻较转向轮和从动轮而言较短。驱动轮所受地面垂直反力为 0 时,车轮无法发挥驱动力和支撑力,使车辆失稳侧翻的可能性大大增加。

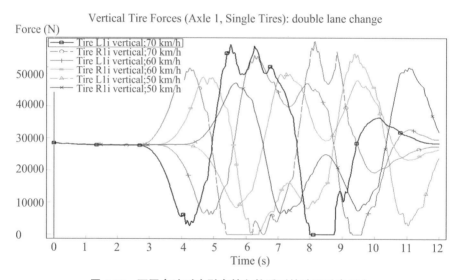

图 4-12　不同车速时牵引车转向轮受到的地面垂直反力

图 4-15 所示为不同车速时重型半挂车牵引车与半挂车的铰接角。这反映了重型半挂车前后车身铰接情况,有无发生折叠的危险。由图可知,随着车速的增加,行驶中车身的铰接角有减小的趋势。这说明重型半挂车在低速行驶时更有可能发生折叠现象。

综上所述,随着行驶车速的增加,重型半挂车的侧倾角、横摆角速度、俯仰角有增大的趋势,各轴车轮所受地面垂直反力也随着车速的增加,载荷变化增大,甚至导致短时车轮所受地面垂直反力为 0,使车辆发生短时失稳现象。因此重型半挂车在变换车道行驶时,降低行驶车速有利于提升其行驶稳定性。

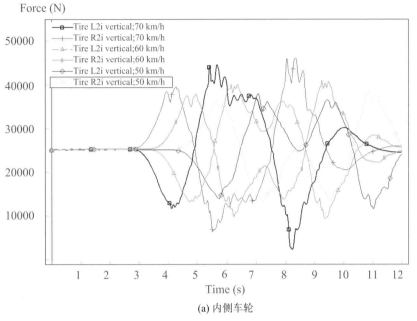

(a) 内侧车轮

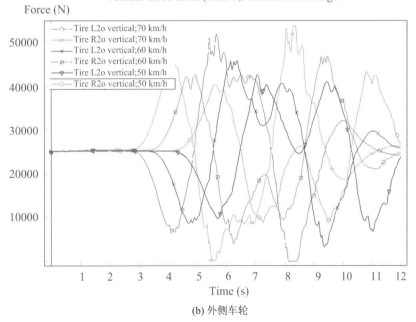

(b) 外侧车轮

图 4-13　不同车速时牵引车驱动轮受到的地面垂直反力

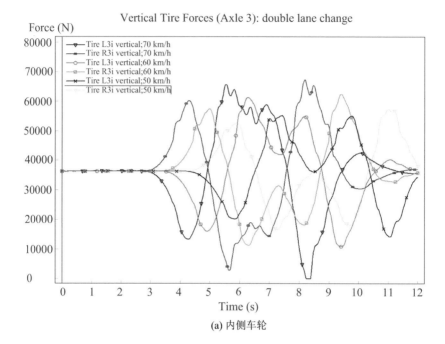

(a) 内侧车轮

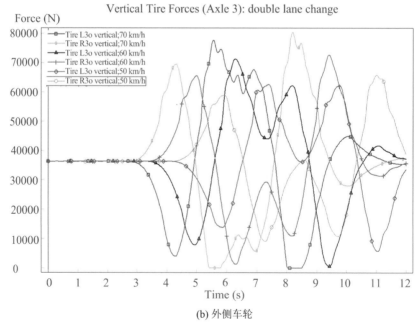

(b) 外侧车轮

图 4-14 不同车速时半挂车车轮受到的地面垂直反力

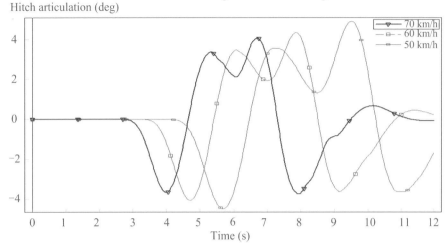

图 4-15　不同车速时重型半挂车牵引车与半挂车的铰接角

2. 装载质量的影响

在双移线工况仿真中,设置重型半挂车负载和空载情况下以 70 km/h 行驶,观测装载质量对车辆行驶稳定性的影响,仿真中设置半挂车负载参数如表 4-3 所示。

图 4-16 为车速为 70 km/h 负载和空载时车身的横向位移轨迹。由图可知,有负载时车身横向位移比无负载时要稍大些。

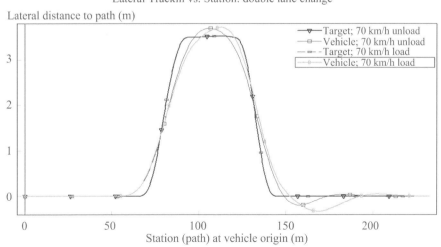

图 4-16　70 km/h 负载和空载时车身的横向位移轨迹

图 4-17 为车速为 70 km/h 负载和空载时车身的横向加速度。由图可知,有负载时车身横向加速度比无负载时要大。

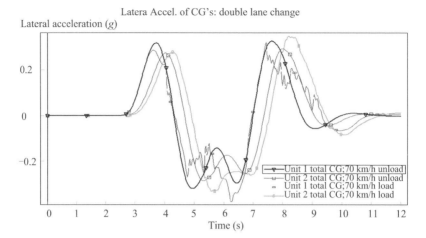

图 4-17　70 km/h 负载和空载时车身质心的横向加速度

图 4-18 为车速为 70 km/h 负载和空载时车身侧倾角。由图可知,有负载时车身侧倾角比无负载时要大。

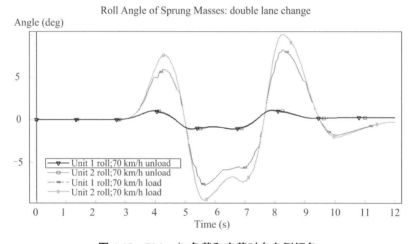

图 4-18　70 km/h 负载和空载时车身侧倾角

图 4-19 为 70 km/h 负载和空载时车身横摆角。由图可知,空载时的车身横摆角比负载时要大。

图 4-20 为 70 km/h 负载和空载时车身横摆角速度。由图可知,空载时的车身横摆角速度比负载时要大。

图 4-21 为 70 km/h 负载和空载时牵引车转向轮受到的地面垂直反力。由图可知,有负载时转向轮受到的地面垂直反力载荷变化很大,并且出现了短时为 0 的现象。

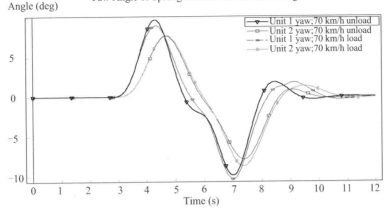

图 4-19　70 km/h 负载和空载时车身横摆角

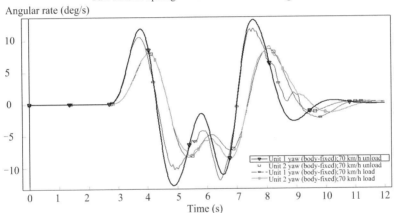

图 4-20　70 km/h 负载和空载时车身横摆角速度

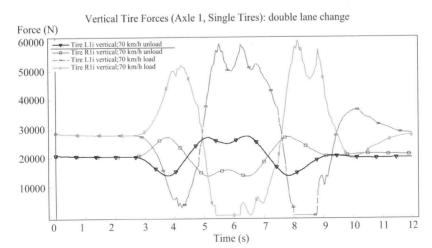

图 4-21　70 km/h 负载和空载时牵引车转向轮受到的地面垂直反力

图 4-22 为 70 km/h 负载和空载时牵引车驱动轮受到的地面垂直反力。由图可知,有负载时驱动轮受到的地面垂直反力载荷变化很大,并且出现了短时为 0 的现象。

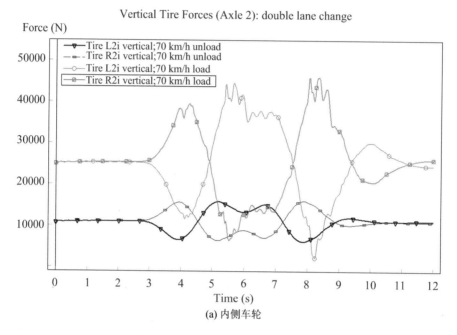

(a) 内侧车轮

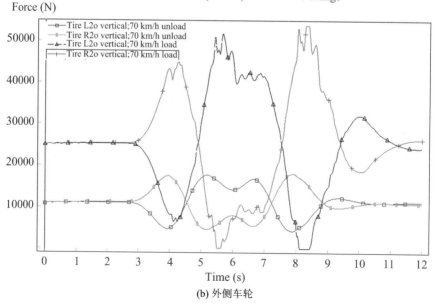

(b) 外侧车轮

图 4-22　70 km/h 负载和空载时牵引车驱动轮受到的地面垂直反力

图 4-23 为 70 km/h 负载和空载时半挂车车轮受到的地面垂直反力。由图可以看出，有负载时半挂车车轮受到的地面垂直反力载荷变化很大，并且出现了短时为 0 的现象。

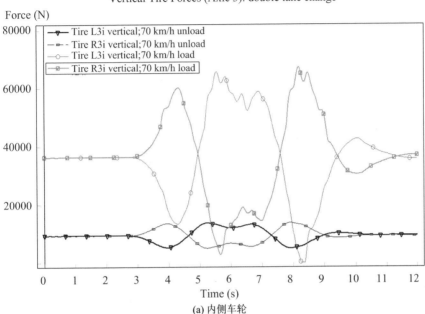

(a) 内侧车轮

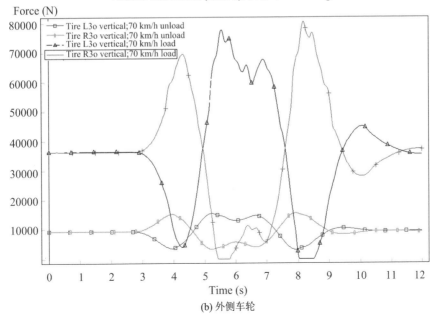

(b) 外侧车轮

图 4-23 70 km/h 负载和空载时半挂车车轮受到的地面垂直反力

图 4-24 为 70 km/h 负载和空载时重型半挂车牵引车与半挂车的铰接角。由图可以看出,空载时重型半挂车牵引车与半挂车的铰接角比负载时要大。

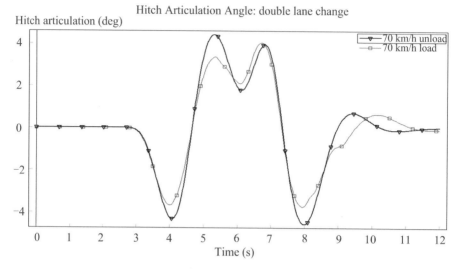

图 4-24　70 km/h 负载和空载时重型半挂车牵引车与半挂车的铰接角

综上所述,空载车辆在行驶时,其车身的横摆角、横摆角速度、牵引车与半挂车的铰接角比负载时要大;但车身的侧倾角、车身横向位移、各车轮受到的地面垂直反力的变化率负载时要比空载时大,尤其车轮受到的地面垂直反力为 0 时,会导致车轮无法提供给车身支撑力和驱动力,车身处于侧翻失稳的临界值。所以,空载车辆在行驶时,其车身感觉晃动量大,但行驶稳定性比负载时要好。

4.3.2　结构参数对行驶稳定性的影响

1. 半挂车轴距的影响

利用固定方向盘转角转向行驶工况,重型半挂车以 45 km/h 的初始车速在附着良好的路面上行驶 2 秒后,迅速将转向盘转动 180 度转角(图 4-25),使车辆保持稳态转向行驶工况,路面附着系数取 0.75。分别取半挂车与牵引车前轴的距离 L 为 9000 mm,10000 mm,11000 mm,来观测半挂车轴距大小对重型半挂车行驶稳定性的影响。

图 4-26 为牵引车转向轮受到的地面垂直反力。由图可以看出,随着轴距的增加,转向外侧的车轮受到的力有所增加,但内侧车轮受到的力均达到了 0,处于失稳的临界点,由此可见,轴距的增加不利于提升转向轮的稳定性。

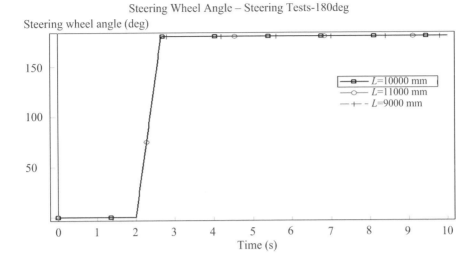

图 4-25 固定方向盘转角转向行驶工况转向角设置

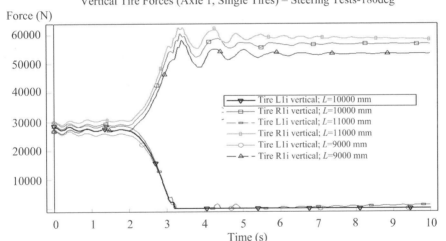

图 4-26 牵引车转向轮受到的地面垂直反力

图 4-27 为牵引车驱动轮受到的地面垂直反力。由图可以看出,随着轴距的增加,驱动轮转向外侧的车轮受到的力有所增加,内侧车轮受到的力也随之增加,内外侧车轮受力差值基本相似。轴距最小的 $L=9000$ mm,其驱动轮转向内侧的车轮受力已达到 0 值,失去了稳定性。$L=10000$ mm 和 $L=11000$ mm 时其驱动轮转向内侧的车轮受力均不为 0,且 $L=11000$ mm 时较 $L=10000$ mm 时大,可见增加轴距,有利于提升牵引车驱动轮的行驶稳定性。

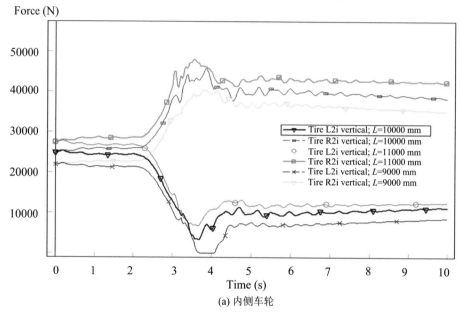

(a) 内侧车轮

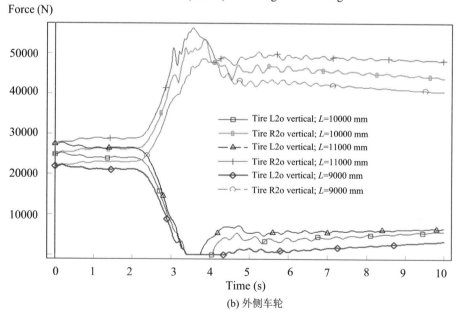

(b) 外侧车轮

图 4-27 牵引车驱动轮受到的地面垂直反力

图 4-28 为半挂车车轮受到的地面垂直反力，可以看出，随着轴距的增加，半挂车从动轮所受的地面垂直反力在减小，三者转向外侧的车轮受力均为 0，但轴距长

的总体受力小。由此可见,增加半挂车到牵引车的轴距可以使得牵引车转向轮和驱动轮受力增加,半挂车的受力减小。驱动轮受力的增加有利于提升车辆的动力性和制动性能,因此在车轮能承受的载荷范围内,适当的增加半挂车到牵引车的轴距有利于提升重型半挂车的行驶稳定性。

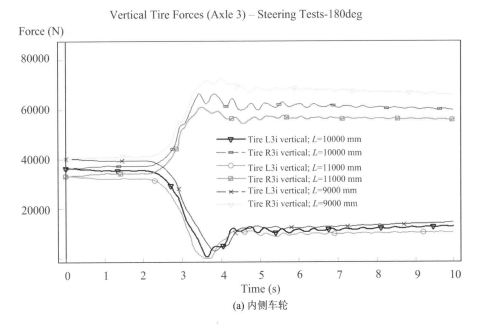

(a) 内侧车轮

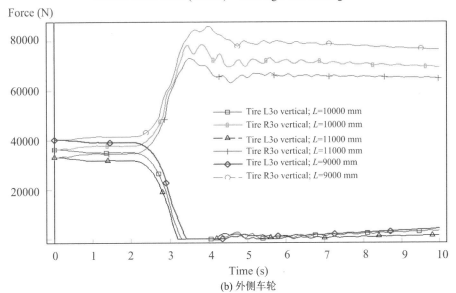

(b) 外侧车轮

图 4-28　半挂车车轮受到的地面垂直反力

图 4-29 为重型半挂车车身的横摆角,可以看出,随着轴距的增加,重型半挂车车身的横摆角有减小的趋势,但是效果不显著。

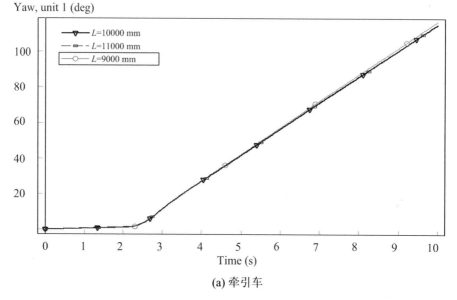

(a) 牵引车

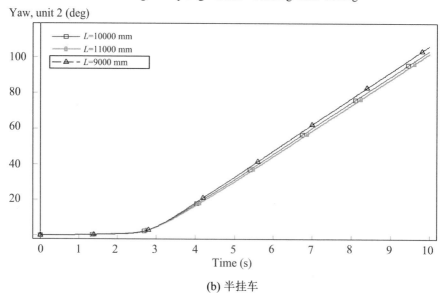

(b) 半挂车

图 4-29 重型半挂车车身的横摆角

图 4-30 为重型半挂车车身的横摆角速度,随着轴距的增加,横摆角速度明显减小,并且更为稳定。可见,增加轴距有利于提升重型半挂车车身横向稳定性。

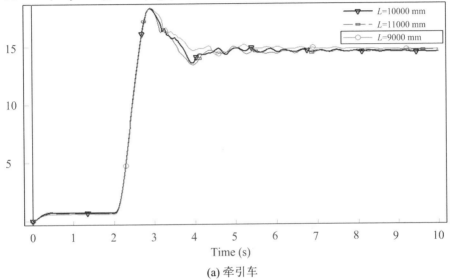

(a) 牵引车

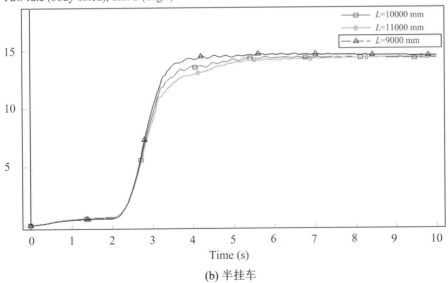

(b) 半挂车

图 4-30　重型半挂车车身的横摆角速度

图 4-31 为重型半挂车车身的侧倾角，随着轴距的增加，车身的侧倾角显著减小。

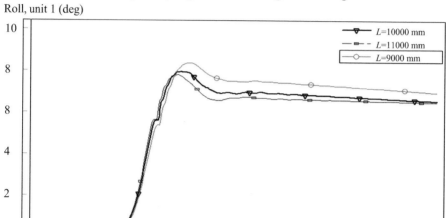

(a) 牵引车

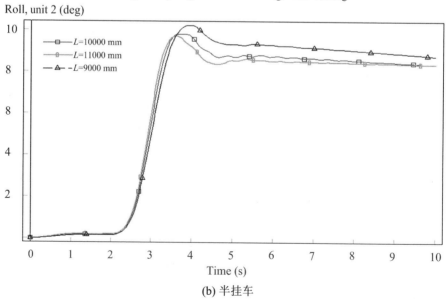

(b) 半挂车

图 4-31 重型半挂车车身的侧倾角

图 4-32 为重型半挂车车身的横向加速度,随着轴距的增加,车身的横向加速度减小,但轴距增加在转向瞬间又加剧了车身横向加速度的振荡,需要引起注意,振荡幅度的增加不利于车身的稳定性。

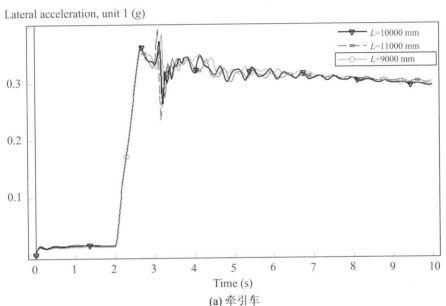

(a) 牵引车

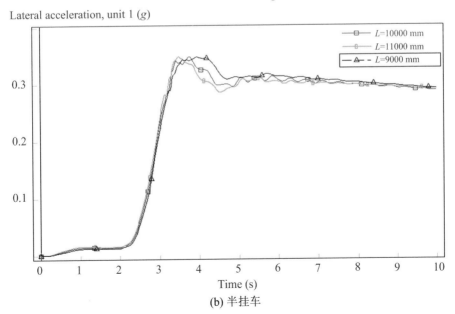

(b) 半挂车

图 4-32　重型半挂车车身的横向加速度

图 4-33 为重型半挂车车身的俯仰角,随着轴距的增加,车身的俯仰角有所减小,但效果不明显。

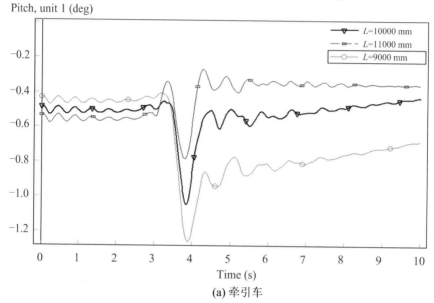

(a) 牵引车

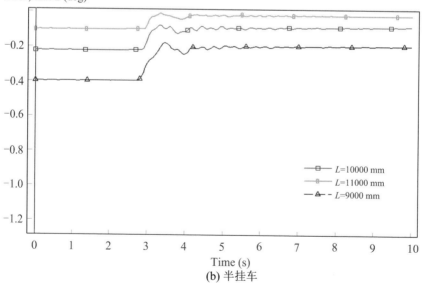

(b) 半挂车

图 4-33 重型半挂车车身的俯仰角

图 4-34 为牵引车与半挂车的铰接角,随着轴距的增加,牵引车与半挂车的铰接角有所增加,但不显著。

综上所述,轴距的增加会增加重型半挂车的牵引车车轮所受的地面垂直反力,减小半挂车车轮所受的地面垂直反力,减小车身的侧倾角和横摆角、横摆角速度。在车轮载荷的承受范围内,适当的增加半挂车车轴到牵引车的轴距有利于提升重型半挂车的行驶稳定性。

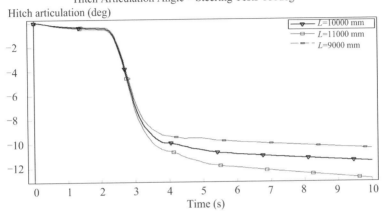

图 4-34　牵引车与半挂车的铰接角

2. 转向轴侧倾、俯仰惯量的影响

利用 J 型转向工况,重型半挂车以 35 km/h 的初始车速在附着良好的路面上行驶 1 秒后,迅速将转向盘转动 294 度转角,保持行驶 1 秒后,在 2 秒内迅速将方向盘反向转动 294 度,保持 1 秒后,在 2 秒内回正方向盘直线行驶(如图 4-35 所示),路面附着系数取 0.85。分别取牵引车的前轴的侧倾、俯仰惯量为 435 kg·m²,335 kg·m²,235 kg·m² 来观测牵引车的前轴的侧倾、俯仰惯量大小对重型半挂车行驶稳定性的影响(图 4-36 至图 4-44)。

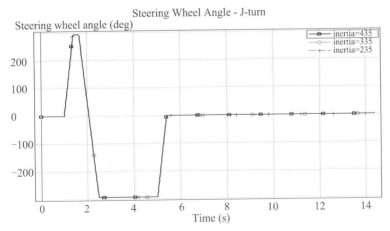

图 4-35　J 型转向工况方向盘转角设置

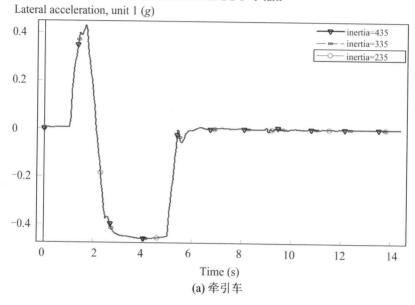

(a) 牵引车

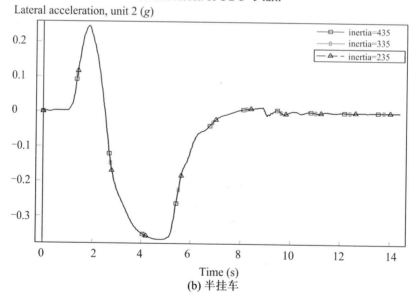

(b) 半挂车

图 4-36　重型半挂车质心的横向加速度

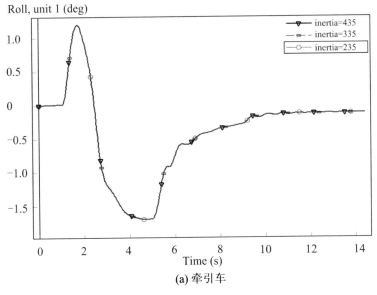

(a) 牵引车

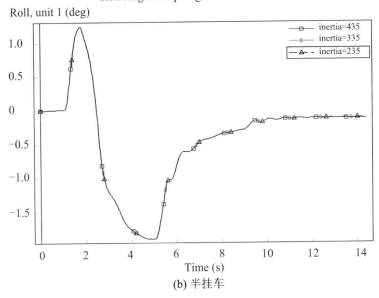

(b) 半挂车

图 4-37 重型半挂车车身的侧倾角

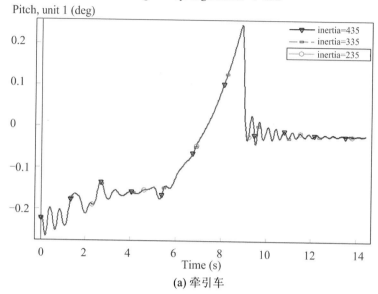

(a) 牵引车

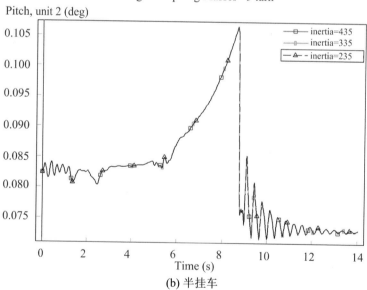

(b) 半挂车

图 4-38　重型半挂车车身的俯仰角

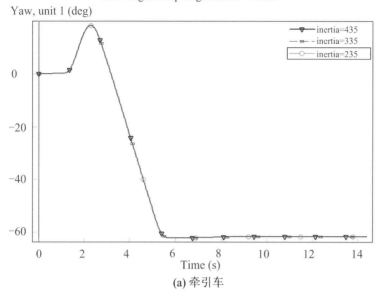

(a) 牵引车

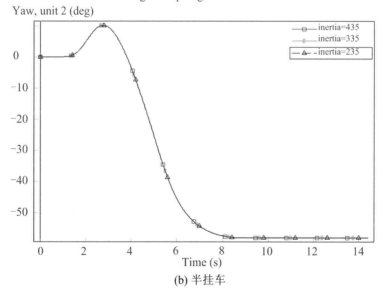

(b) 半挂车

图 4-39 重型半挂车车身的横摆角

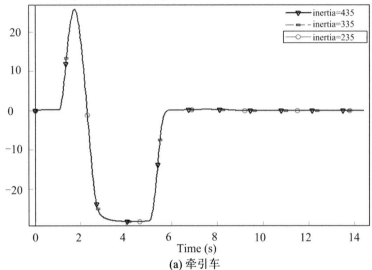

(a) 牵引车

(b) 半挂车

图 4-40 重型半挂车车身的横摆角速度

图 4-36 为不同牵引车的前轴的侧倾、俯仰惯量对应的重型半挂车牵引车与半挂车的质心横向加速度；图 4-37 为不同牵引车的前轴的侧倾、俯仰惯量对应的重型半挂车牵引车与半挂车车身的侧倾角；图 4-38 为不同牵引车的前轴的侧倾、俯仰惯量对应的重型半挂车牵引车与半挂车车身的俯仰角；图 4-39 为不同牵引车的前轴的侧倾、俯仰惯量对应的重型半挂车牵引车与半挂车车身的横摆角；图 4-40

为不同牵引车的前轴的侧倾、俯仰惯量对应的重型半挂车牵引车与半挂车车身的横摆角速度;图 4-41 为牵引车转向轴受到的地面垂直反力;图 4-42 为牵引车驱动轴受到的地面垂直反力;图 4-43 为半挂车从动轴受到的地面垂直反力;图 4-44 为牵引车与半挂车的铰接角。

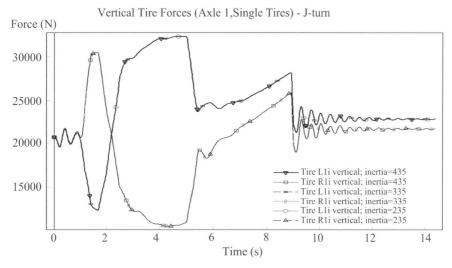

图 4-41 牵引车转向轴受到的地面垂直反力

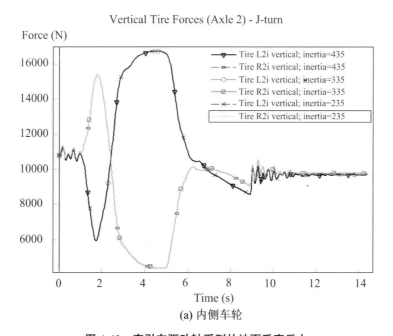

(a) 内侧车轮

图 4-42 牵引车驱动轴受到的地面垂直反力

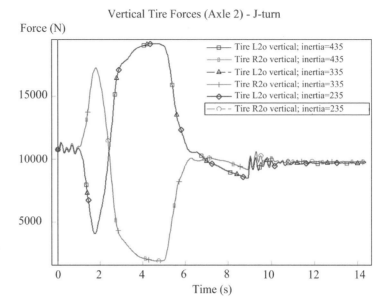

图 4-42　牵引车驱动轴受到的地面垂直反力（续）

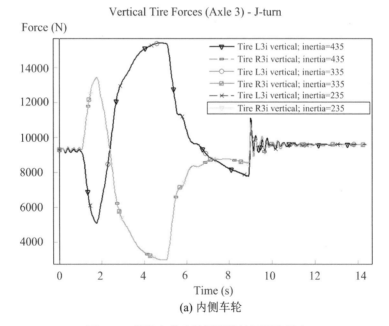

(a) 内侧车轮

图 4-43　半挂车从动轴受到的地面垂直反力

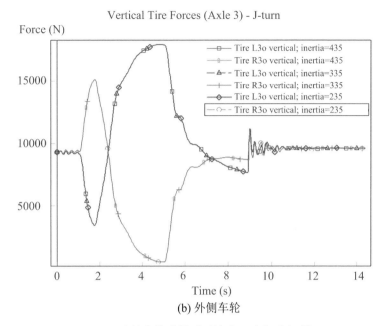

(b) 外侧车轮

图 4-43　半挂车从动轴受到的地面垂直反力(续)

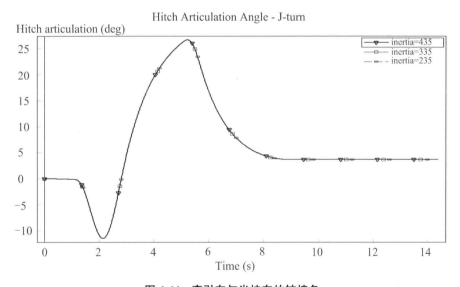

图 4-44　牵引车与半挂车的铰接角

由此可见,不同牵引车的前轴的侧倾、俯仰惯量在 J 型转向工况中,对重型半挂车行驶稳定性基本没有影响。

利用双移线工况来观察不同牵引车的前轴的侧倾、俯仰惯量对重型半挂车行驶稳定性的影响,其仿真结果如图 4-45 至图 4-53 所示,这里双移线工况设置同前面一样,取附着系数为 0.75,车速为 70 km/h。

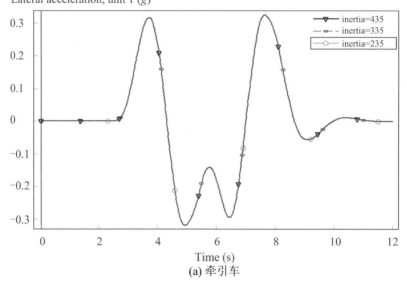

(a) 牵引车

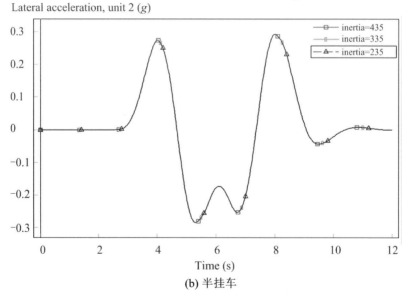

(b) 半挂车

图 4-45　重型半挂车质心的横向加速度

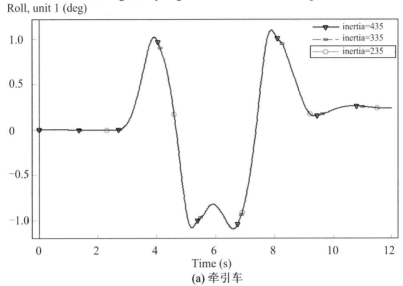

(a) 牵引车

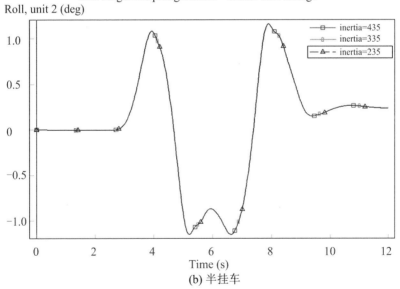

(b) 半挂车

图 4-46 重型半挂车车身的侧倾角

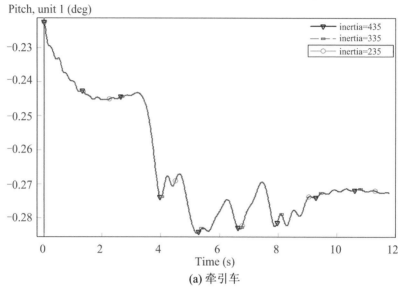

(a) 牵引车

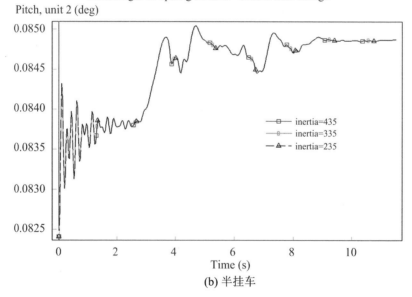

(b) 半挂车

图 4-47　重型半挂车车身的俯仰角

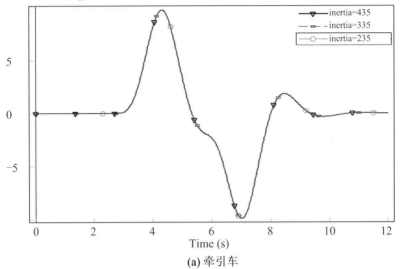

(a) 牵引车

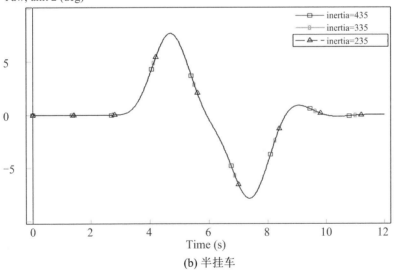

(b) 半挂车

图 4-48　重型半挂车车身的横摆角

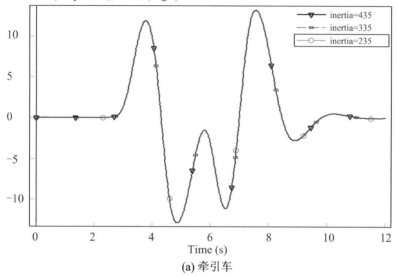

(a) 牵引车

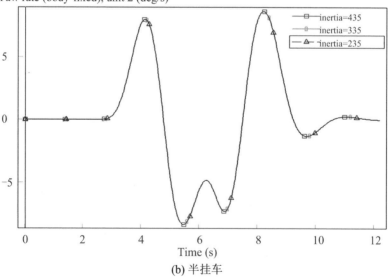

(b) 半挂车

图 4-49　重型半挂车车身的横摆角速度

第4章 重型半挂车行驶稳定性的影响参数

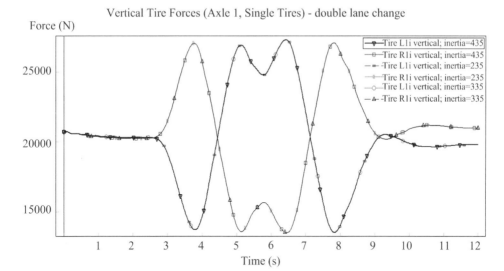

图 4-50 牵引车转向轴受到的地面垂直反力

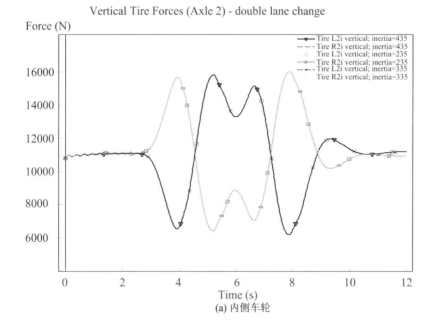

(a) 内侧车轮

图 4-51 牵引车驱动轴受到的地面垂直反力

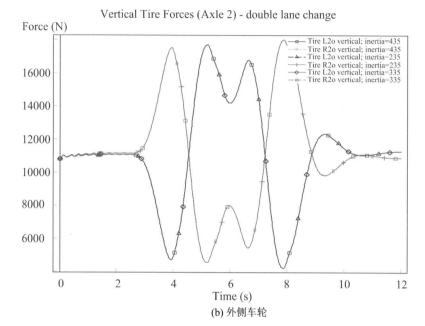

(b) 外侧车轮

图 4-51　牵引车驱动轴受到的地面垂直反力(续)

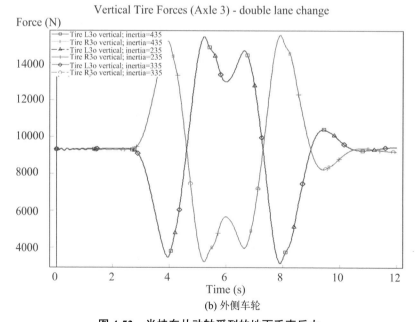

(b) 外侧车轮

图 4-52　半挂车从动轴受到的地面垂直反力

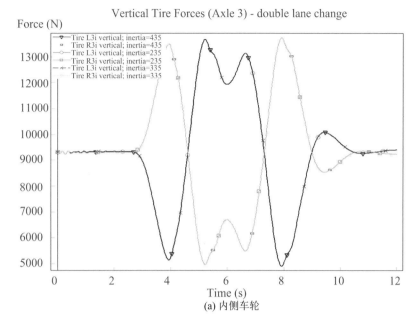

图 4-52 半挂车从动轴受到的地面垂直反力(续)

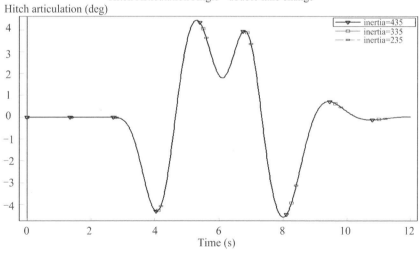

图 4-53 牵引车与半挂车的铰接角

由图 4-45 至图 4-53 可以看出,不同牵引车的前轴的侧倾、俯仰惯量在双移线工况中对重型半挂车的侧向加速度、车身侧倾角、横摆角、横摆角速度、俯仰角以及各轴车轮所受的垂直反力基本没有影响,故对重型半挂车行驶稳定性基本没有影响。

同理,结合双移线工况和 J 型转向工况,分别改变重型半挂车牵引车的驱动轴和半挂车车轴的侧倾、俯仰惯量,发现其对重型半挂车的侧向加速度、车身侧倾角、横摆角、横摆角速度、俯仰角以及各轴车轮所受的垂直反力基本没有影响。

综合分析,仅仅改变重型半挂车各轴的侧倾、俯仰惯量,无法提升重型半挂车的行驶稳定性。

3. 转向轴非簧载质量的影响

采用前述的 J 型转向工况,分别取牵引车转向轴的非簧载质量为 470 kg,570 kg,670 kg,来观测牵引车转向轴的非簧载质量大小对重型半挂车行驶稳定性的影响,其结果如图 4-54 至图 4-62 所示。

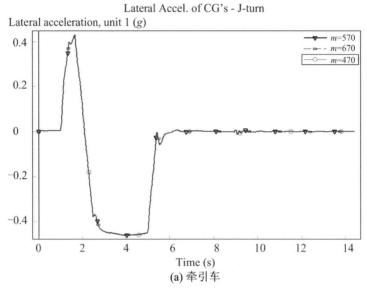

(a) 牵引车

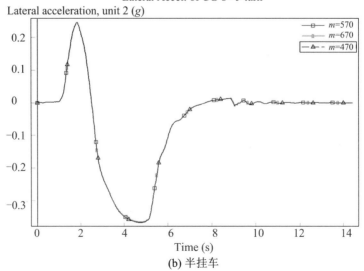

(b) 半挂车

图 4-54　重型半挂车质心的横向加速度

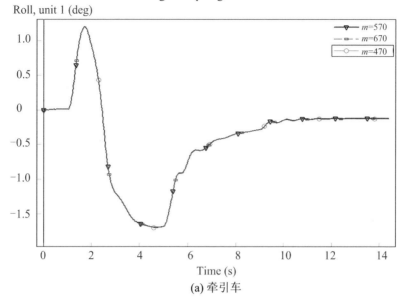

(a) 牵引车

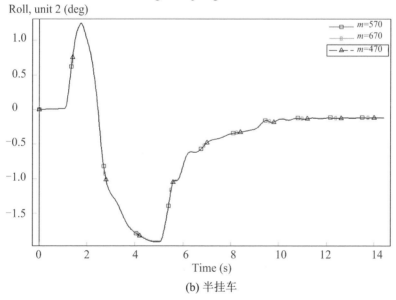

(b) 半挂车

图 4-55 重型半挂车车身的侧倾角

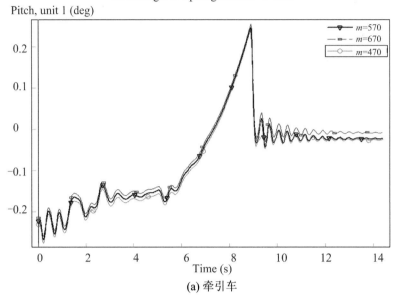

(a) 牵引车

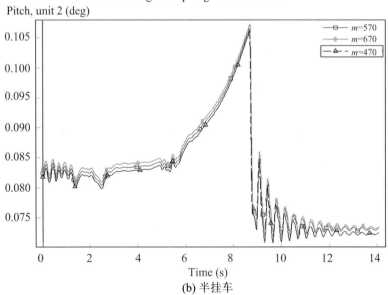

(b) 半挂车

图 4-56　重型半挂车车身的俯仰角

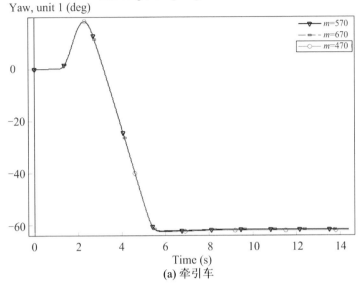

(a) 牵引车

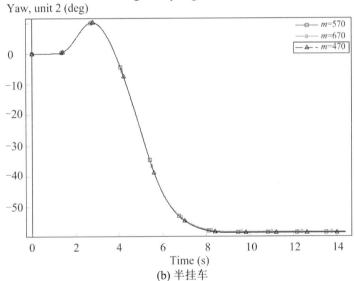

(b) 半挂车

图 4-57 重型半挂车车身的横摆角

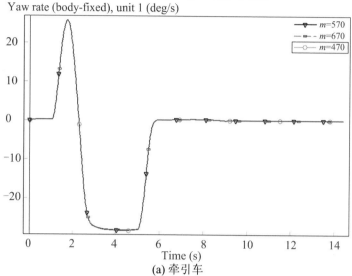

(a) 牵引车

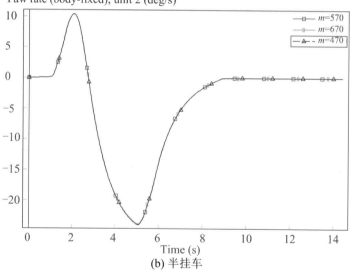

(b) 半挂车

图 4-58　重型半挂车车身的横摆角速度

第 4 章　重型半挂车行驶稳定性的影响参数

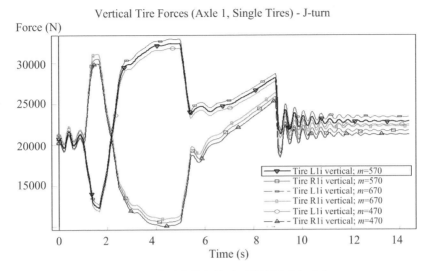

图 4-59　牵引车转向轴受到的地面垂直反力

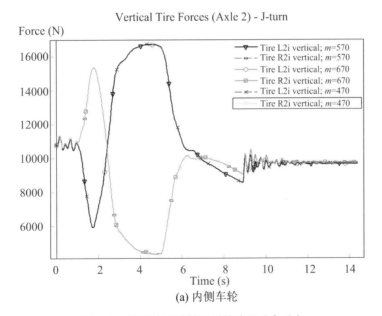

(a) 内侧车轮

图 4-60　牵引车驱动轴受到的地面垂直反力

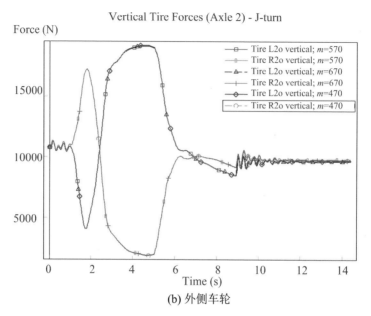

(b) 外侧车轮

图 4-60 牵引车驱动轴受到的地面垂直反力(续)

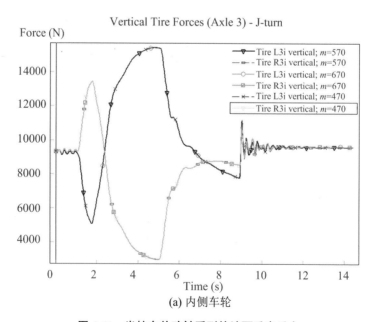

(a) 内侧车轮

图 4-61 半挂车从动轴受到的地面垂直反力

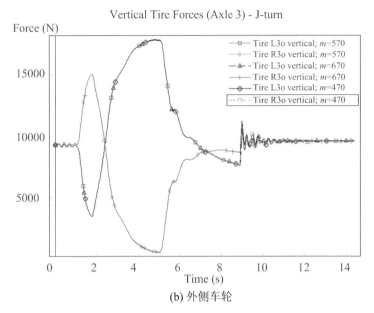

图 4-61 半挂车从动轴受到的地面垂直反力(续)

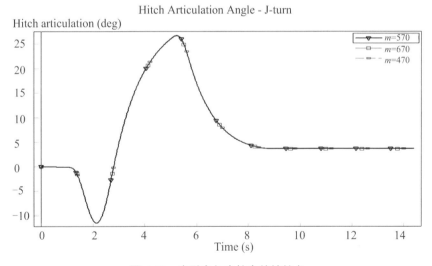

图 4-62 牵引车与半挂车的铰接角

由图 4-54、图 4-55 可知,重型半挂车的牵引车转向轴非簧载质量变化不会影响重型半挂车质心的横向加速度和车身的侧倾角;由图 4-56 可知,重型半挂车的牵引车转向轴非簧载质量减小,可减小重型半挂车车身的俯仰角,但是效果不明显;由图 4-57、图 4-58 可知,重型半挂车的牵引车转向轴非簧载质量变化不会影响重型半挂车车身的横摆角和横摆角速度;由图 4-59 可知,重型半挂车的牵引车转向轴非簧载质量减小,可减小重型半挂车牵引车转向轴所受的垂直反力,能减小其车轴所受的地面反作用力;由图 4-60、图 4-61、图 4-62 可知,重型半挂车的牵引车转向轴非簧载质量变化对其他两轴地面反作用力没有影响,对重型半挂车牵引车和挂车的铰接角也无影响。

同理,结合双移线工况,改变重型半挂车牵引车的驱动轴非簧载质量和半挂车车轴非簧载质量,也能发现减少非簧载质量,可以减小重型半挂车车身俯仰角,同时能减小对相应车轴的地面垂直反作用力;但不会影响重型半挂车质心的横向加速度和车身的侧倾角,也不会影响重型半挂车车身的横摆角和横摆角速度、牵引车和挂车的铰接角。

综上所述,改变重型半挂车各轴的非簧载质量不能改善其行驶稳定性。

4. 轮距的影响

利用双移线工况来观察不同牵引车的前轴的轮距对重型半挂车行驶稳定性的影响,这里双移线工况设置同前面一样,取附着系数为 0.75,车速为 70 km/h,轮距分别设置为 2130 mm,2030 mm,1930 mm,其仿真结果如图 4-63 至图 4-71 所示。

由图 4-63、图 4-64 可知,重型半挂车的牵引车转向轴轮距变化不会影响重型半挂车质心的横向加速度和车身车身的侧倾角;由图 4-65 可知,重型半挂车的牵引车转向轴轮距增加,可减小重型半挂车车身俯仰角,但是效果不明显。

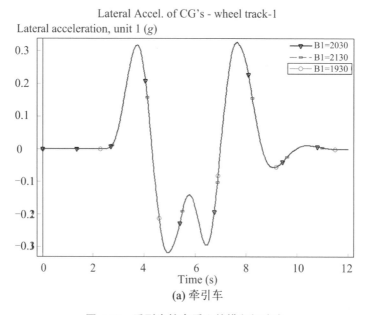

图 4-63 重型半挂车质心的横向加速度

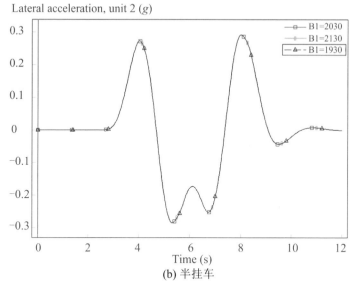

(b) 半挂车

图 4-63 重型半挂车质心的横向加速度(续)

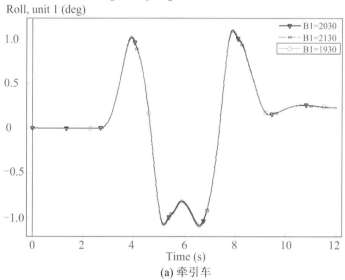

(a) 牵引车

图 4-64 重型半挂车车身的侧倾角

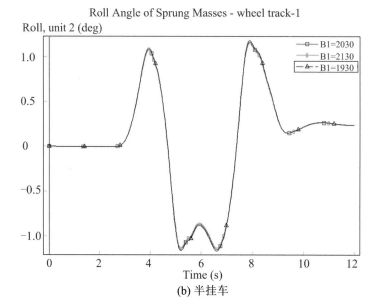

(b) 半挂车

图 4-64　重型半挂车车身的侧倾角(续)

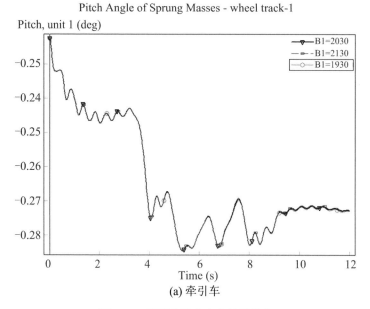

(a) 牵引车

图 4-65　重型半挂车车身的俯仰角

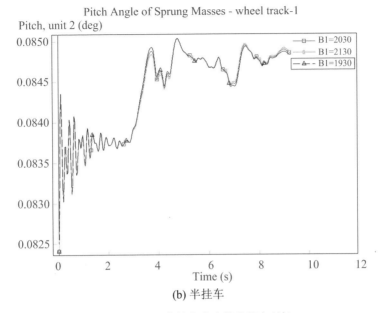

(b) 半挂车

图 4-65 重型半挂车车身的俯仰角(续)

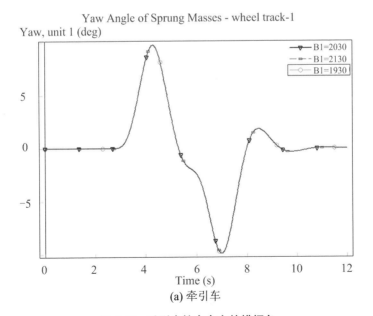

(a) 牵引车

图 4-66 重型半挂车车身的横摆角

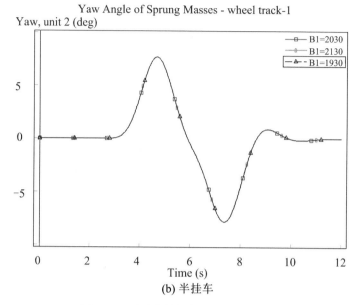

(b) 半挂车

图 4-66　重型半挂车车身的横摆角(续)

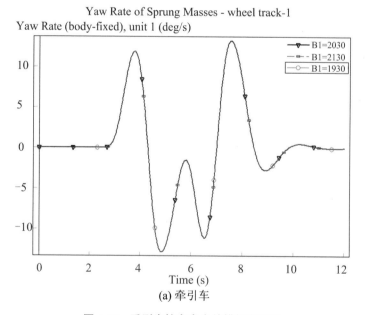

(a) 牵引车

图 4-67　重型半挂车车身的横摆角速度

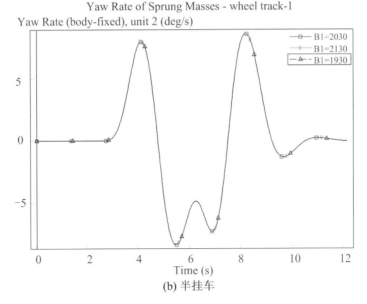

图 4-67 重型半挂车车身的横摆角速度(续)

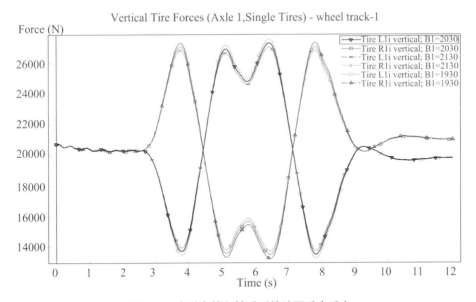

图 4-68 牵引车转向轴受到的地面垂直反力

由图 4-66、图 4-67 可知,重型半挂车的牵引车转向轴非簧载质量变化不会影响重型半挂车车身的横摆角和横摆角速度;由图 4-68 可知,重型半挂车的牵引车转向轴轮距增加,可减小重型半挂车牵引车转向轴所受的垂直反力,能减小其在变道过程中车轴所受的地面反作用力变化量;由图 4-69、图 4-70、图 4-71 可知,重型半挂车的牵引车转向轴轮距变化对其他两轴地面反作用力基本没有影响,对重型半挂车牵引车和挂车的铰接角也无影响。

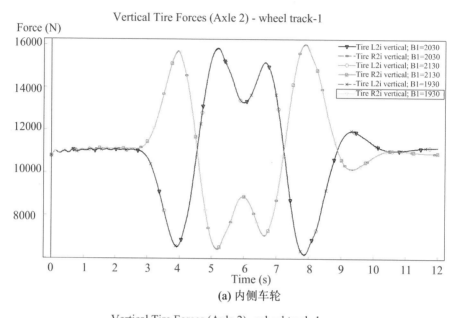

(a) 内侧车轮

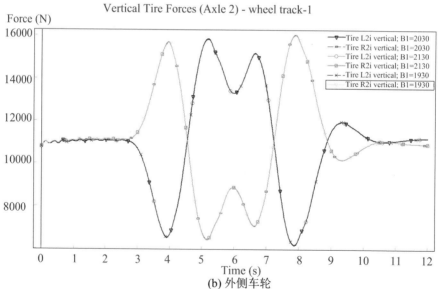

(b) 外侧车轮

图 4-69　牵引车驱动轴受到的地面垂直反力

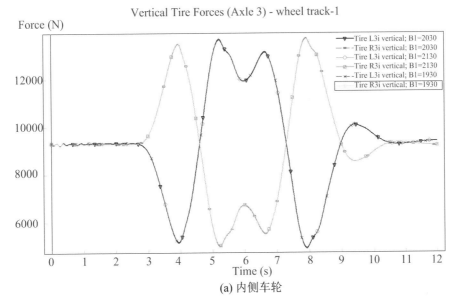

(a) 内侧车轮

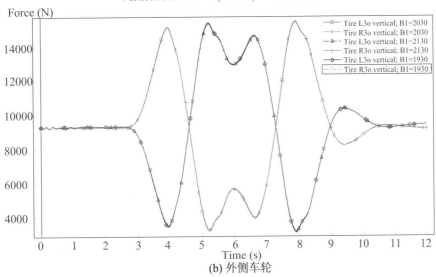

(b) 外侧车轮

图 4-70　半挂车从动轴受到的地面垂直反力

同理，结合双移线工况，改变重型半挂车牵引车的驱动轴轮距和半挂车车轴轮距，也能发现，增加轮距可以减小重型半挂车车身俯仰角，同时能减小对相应车轴的地面垂直反作用力及其载荷变化量；但不会影响重型半挂车质心的横向加速度和车身的侧倾角，也不会影响重型半挂车车身的横摆角和横摆角速度、牵引车和挂车的铰接角。

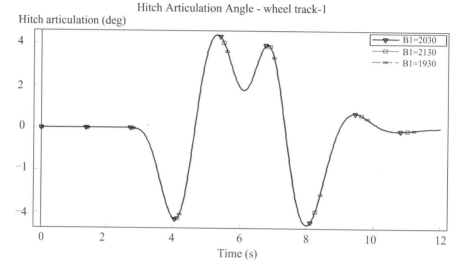

图 4-71　牵引车与半挂车的铰接

综上所述,增加重型半挂车各轴的轮距能减小对相应车轴的地面垂直反作用力,并且在变道中能减小所受垂直反力的载荷变化量,可改善车轮接地状况,能起到一定的改善行驶稳定性的作用,但较小的轮距变化量其改善效果不显著。

利用 TruckSim 软件针对其提供的三轴重型半挂车的双移线工况、固定方向盘转角转向行驶工况、J 型转向工况过程进行仿真,比较了几个使用参数和结构参数对重型半挂车行驶稳定性的影响。研究结果表明,重型半挂车在变换车道行驶时,降低行驶车速有利于提升其行驶稳定性;重型半挂车空载车辆在行驶时,虽然其车身感觉晃动量大,但行驶稳定性比负载时要好;在车轮载荷的承受范围内,适当地增加半挂车车轴到牵引车的轴距有利于提升重型半挂车的行驶稳定性;由于采用了整体式车桥,改变重型半挂车各轴的侧倾、俯仰惯量,对改善重型半挂车的行驶稳定性影响不大;增加重型半挂车各轴的轮距,可以减少地面作用于车轮的垂直反力,并且使得车轮地面接触反力变化较小,对改善重型半挂车行驶稳定性有一定的作用,但由于车辆结构的原因,较小的轮距变化对改善重型半挂车行驶稳定性效果不显著;由于采用非独立悬架,减小重型半挂车各轴非簧载质量对提升重型半挂车的行驶稳定性效果不显著。

第 5 章　制动方式及滑移率对行驶稳定性的影响

重型半挂式汽车由于其特殊的结构,通常有两种行驶工况容易失去稳定性,产生侧翻、折叠等事故,一是转向制动时,二是通过低附着路面,特别是左右车轮地面附着系数不同并进行紧急制动时。这里利用前面在 TruckSim 中建立的三轴重型半挂车 2A Tractor/w 1A Van Trailer 模型,来对其转向制动工况和低附着路面制动工况的行驶稳定性进行研究。

5.1　单通道与双通道 ABS 制动

制动防抱死系统(Anti-lock Braking System,简称 ABS)可以有效缩短制动距离,改善制动时汽车行驶的稳定性已是不争的事实,随着技术的发展,重型半挂车中也广泛采用了 ABS 技术。为了提升重型汽车行驶的安全性,ABS 已被广泛应用于重型汽车。在 TruckSim 中针对车辆的每个驱动桥可设置两种 ABS 控制方式:一种方式是对制动管路的制动气压进行单通道 ABS 控制,此时同一车轴左右车轮采用统一的制动控制压力;另一种方式是对制动管路的制动气压进行双通道 ABS 控制,此时同一车轴的左右车轮所施加的制动控制压力不一样,根据各自车轮的行驶状态独立进行滑移率控制。这里针对重型半挂车的各车轴在制动中分别采用单通道 ABS 和双通道 ABS 控制方式进行仿真研究。

5.1.1　低附着路面制动工况

在 TruckSim 中设置为下了雪的低附着路面来进行仿真测试。道路为一段有小坡度的下坡直线路段,长度为 100 m。道路设置为一半是有积雪的湿滑路面,其附着系数为 0.20;另一半为没有雪的湿滑路面,其附着系数为 0.50。道路模型如图 5-1 所示。

图 5-1 道路环境的设置

设置重型半挂汽车以 40 km/h 的初始速度行驶,2 秒钟后踩下制动踏板进行紧急制动。采用两种不同的制动方式来对比制动效果,以车轮的滑移率为控制目标,使车轮滑移率保持在制动效果最优的 10%～20%,一种方式对重型半挂车各车轴采用单通道 ABS 控制;另一种方式对重型半挂车各车轴采用双通道 ABS 控制。对比两种制动方式下,重型半挂车在低附着路面紧急制动的行驶稳定性。其仿真结果如图 5-2 至图 5-20 所示(其中 ABS 表示单通道的 ABS 控制方式,ABS-2 表示双通道的 ABS 控制方式)。

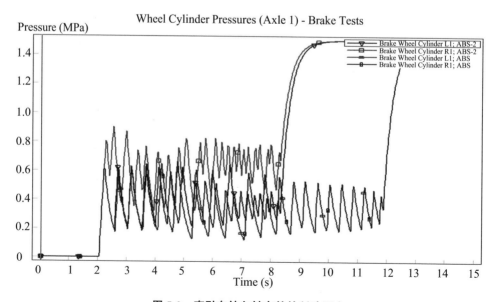

图 5-2 牵引车转向轴车轮的制动压力

图 5-2、图 5-3、图 5-4 分别为重型半挂车牵引车转向轴、驱动轴，半挂车从动轴车轮轮缸对应的制动压力。可以看出，单通道的 ABS 控制时，其左右车轮轮缸制动压力是相同的，而双通道 ABS 控制时，左右轮的制动压力是不同的。双通道 ABS 左右轮缸可以根据左右轮载荷不同而输出不同的控制压力，使各自车轮滑移率保持在 10%～20%；单通道 ABS 则以左右车轮总体滑移率为目标，将车轮滑移率控制在 10%～20%。

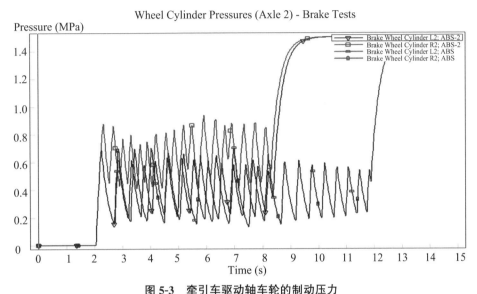

图 5-3　牵引车驱动轴车轮的制动压力

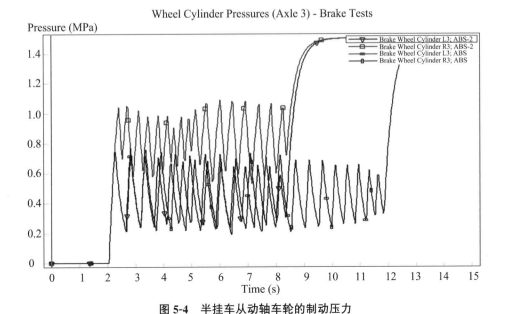

图 5-4　半挂车从动轴车轮的制动压力

图 5-5、图 5-6、图 5-7 分别为重型半挂车牵引车转向轴、驱动轴,半挂车从动轴车轮的等效轮速。可以看出,双通道 ABS 对左右车轮的轮速调节更为频繁,使左右车轮滑移率保持在最佳的状态,牵引车和半挂车质心的速度下降更快,协调一致性更好。

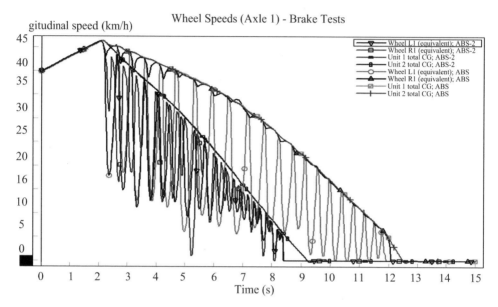

图 5-5 牵引车转向轴车轮的轮速

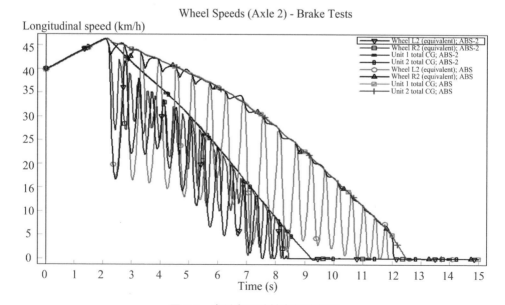

图 5-6 牵引车驱动轴车轮的轮速

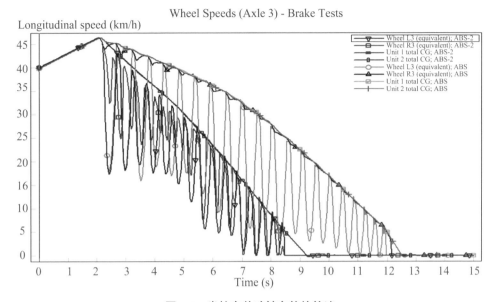

图 5-7 半挂车从动轴车轮的轮速

图 5-8、图 5-9、图 5-10 分别为重型半挂车牵引车转向轴、驱动轴,半挂车从动轴车轮所受到的地面垂直反力。可以看出,对于双通道 ABS 而言,其左右车轮所受到的地面垂直反力波动幅度较小,地面垂直反力变化较为平缓;而单通道 ABS 对应的各轴车轮所受到的地面垂直反力的波动幅值较为剧烈,整体变化形式为一直在波动中下降。

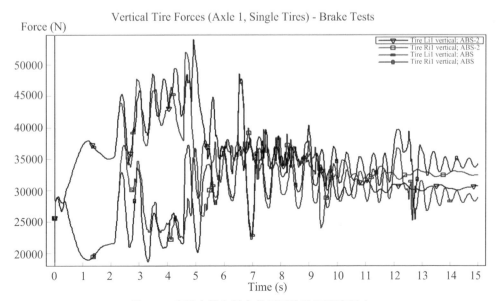

图 5-8 牵引车转向轴车轮受到的地面垂直反力

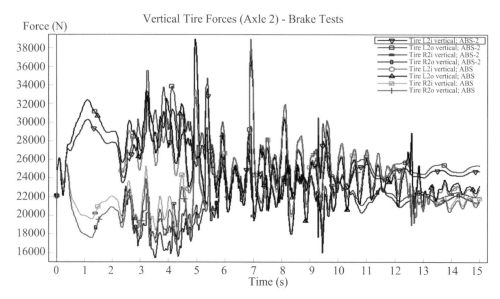

图 5-9　牵引车驱动轴车轮受到的地面垂直反力

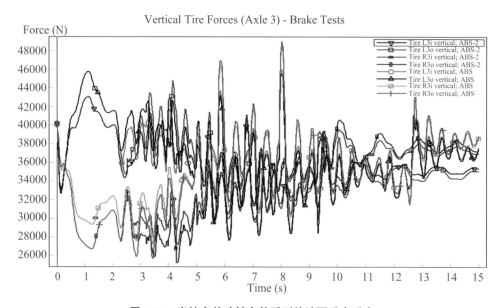

图 5-10　半挂车从动轴车轮受到的地面垂直反力

图 5-11 为重型半挂车各车轮的制动力矩,可以看出,双通道 ABS 各车轮能发挥的制动力矩更大,使得车轮获得了更大的减速度。

图 5-12 为重型半挂车的俯仰角,可以看出,采用双通道 ABS 控制的车辆,其俯仰角变化更小些。

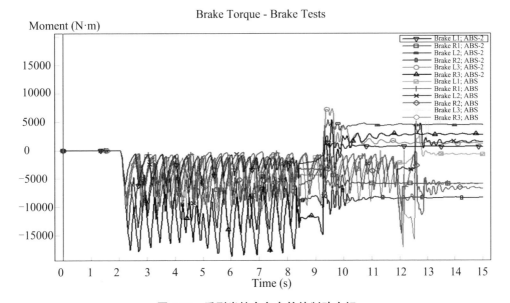

图 5-11 重型半挂车各车轮的制动力矩

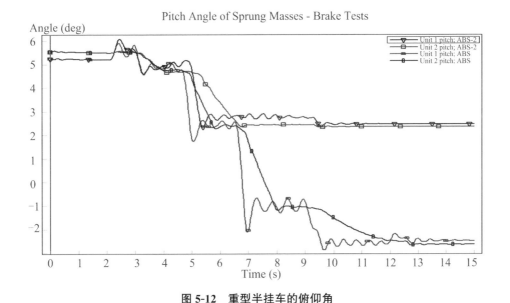

图 5-12 重型半挂车的俯仰角

图 5-13 为重型半挂车车身的侧倾角,采用双通道 ABS 控制的车辆在制动过程中,其车身侧倾角变化幅值较单通道 ABS 大,车身侧倾稳定性不如单通道 ABS。

图 5-14 为重型半挂车车身质心的横向加速度,可以看出,采用双通道 ABS 控制的车辆在制动过程中,其车身质心的横向加速度变化幅值要大于单通道 ABS 控

制的车辆,故其车身稳定性不如单通道 ABS。

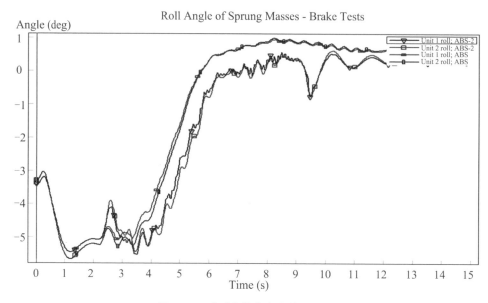

图 5-13　重型半挂车车身的侧倾角

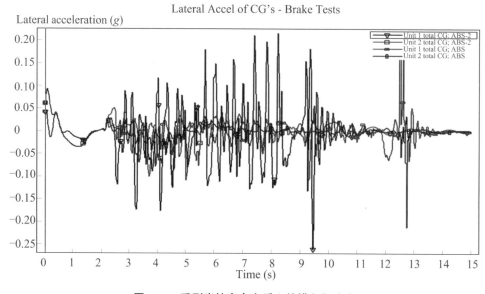

图 5-14　重型半挂车车身质心的横向加速度

图 5-15、图 5-16 分别为重型半挂车车身的横摆角、横摆角速度。可以看出,整个制动过程中,采用双通道 ABS 控制的车辆车身的横摆角、横摆角速度变化幅度较大,其车身横摆稳定性不如单通道 ABS。

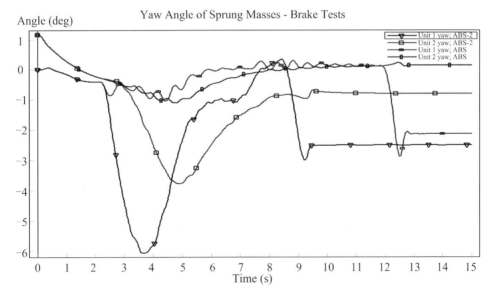

图 5-15　重型半挂车车身的横摆角

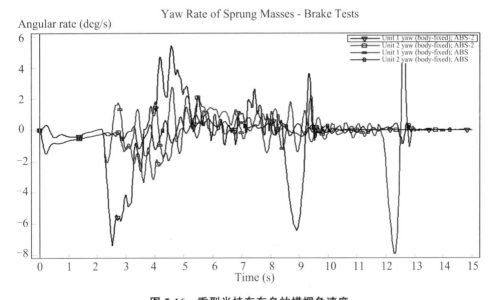

图 5-16　重型半挂车车身的横摆角速度

图 5-17 为重型半挂车转向盘转角,可以看出,两种 ABS 控制方式都可以在制动过程中对转向盘转角进行控制,相对而言,单通道 ABS 的角度变化稍小些。

图 5-18 为重型半挂车牵引车与半挂车的铰接角,可以看出,采用双通道 ABS 控制时车辆的铰接角变化幅度要比单通道 ABS 的大。

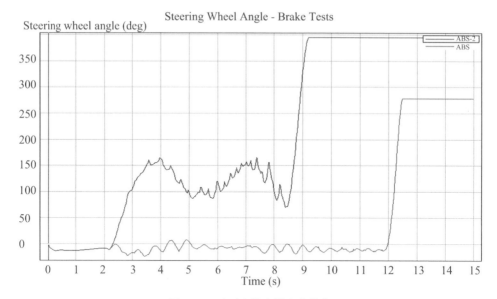

图 5-17　重型半挂车转向盘转角

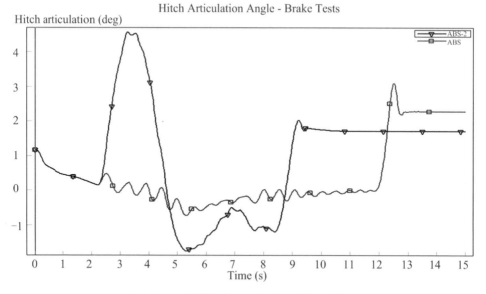

图 5-18　重型半挂车牵引车与半挂车的铰接角

图 5-19 为重型半挂车制动时的纵向车速,可以看出,采用双通道 ABS 控制时车辆纵向车速下降比单通道 ABS 控制的快得多。

图 5-20 为重型半挂车制动时偏离目标路径情况,可以看出,采用双通道 ABS 控制时车辆制动距离缩短了 35 m,但停车时偏离了车道 0.2 m。

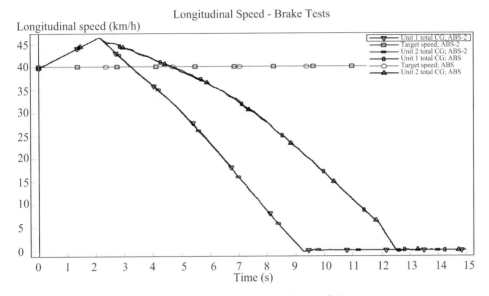

图 5-19 重型半挂车制动时的纵向车速

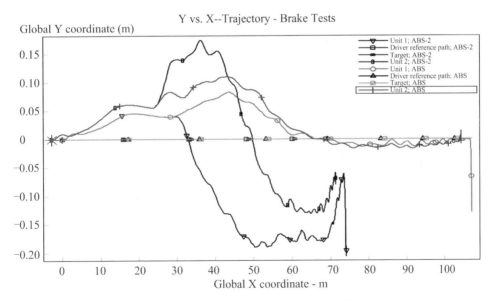

图 5-20 重型半挂车制动时偏离目标路径情况

综上所述,在低附着路面进行制动时,采用双通道 ABS 控制其车身横摆角、横摆角速度、侧倾角、质心横向加速度、牵引车与半挂车铰接角的变化情况不如采用单通道 ABS 控制的稳定。但采用双通道 ABS 控制时,重型半挂车各轴左右车轮受到的地面垂直反力较为稳定,变化波动小,并且各轮获得更大的制动力矩,各轴车轮轮速下降更快。在能保持车身稳定的情况下,在初始车速 40 km/h 制动时有效缩短了制动距离 35 m,这充分说明在低附着路面进行紧急制动时,采用双通道 ABS 控制比采用单通道 ABS 控制更能提升重型半挂车的行驶稳定性和安全性。

5.1.2 转向制动工况

采用前面设定的转向制动工况(图 5-21),仿真车辆初速度为 75 km/h,在圆形道路中进行高速转向行驶,行驶 2 秒后,进行紧急制动,以此来模拟重型半挂车紧急转向制动工况。仿真中重型半挂车行驶的路面设置半径为 150 m 的水平附着良好的环形单车道,附着系数为 0.75,环形试验车道总长度约为 950 m。采用两种不同的制动方式来对比制动效果,以车轮的滑移率为控制目标,使车轮滑移率保持在制动效果最优的 10%~20%,一种方式是对重型半挂车各车轴采用单通道 ABS 控制;另一种方式是对重型半挂车各车轴采用双通道 ABS 控制。对比两种制动方式下,重型半挂车在转向制动工况的行驶稳定性。其仿真结果如图 5-22 至图 5-37 所示(图中 ABS 表示单通道控制的 ABS;ABS-2 表示双通道控制的 ABS)。

图 5-21 道路设置

图 5-22 为两种制动方式下的制动主缸压力,可以看出,主缸开始制动时两种制动方式下的制动压力是一致的。

图 5-23 为两种制动方式下的制动轮缸压力,可见采用双通道控制的 ABS 其左右车轮制动压力是不一样的,可根据左右车轮受到的地面垂直反力的不同进行调节,以使车轮制动力发挥到最佳;而单通道 ABS 由于其结构的原因,左右车轮制

动压力是一致的。

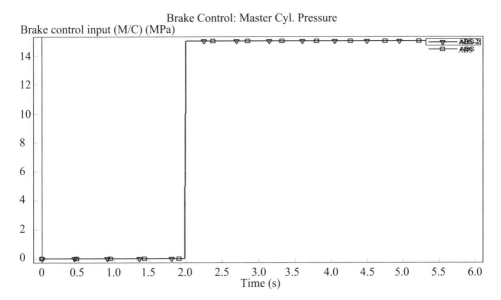

图 5-22 两种制动方式下的制动主缸压力

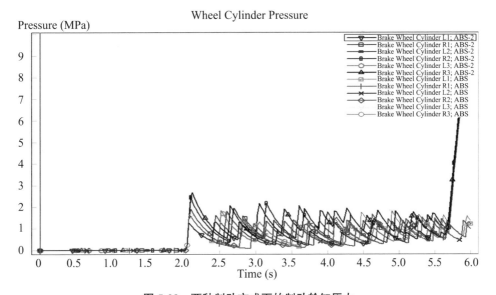

图 5-23 两种制动方式下的制动轮缸压力

图 5-24 为两种制动方式下的车轮制动力矩，可以看出，采用双通道控制的 ABS 车轮制动力矩数值比采用单通道控制的 ABS 车轮制动力矩数值大，故采用双通道控制的 ABS 制动性能更好。

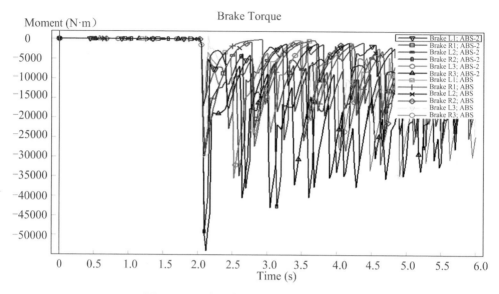

图 5-24 两种制动方式下的车轮制动力矩

图 5-25 为两种制动方式下的车轮轮速,可以看出,采用双通道控制的 ABS 其轮速下降更快些,轮速的调节频率更快。

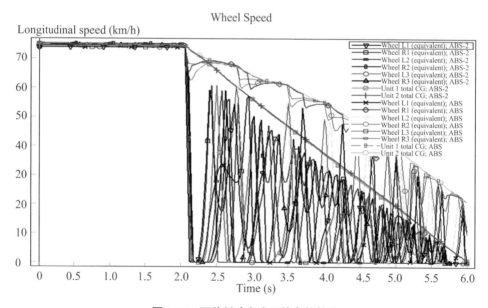

图 5-25 两种制动方式下的车轮轮速

图 5-26 为两种制动方式下的转向盘转角,可以看出,在两种制动控制方式下,前轮都可以保持转向,但采用双通道控制的 ABS 其转角变化更大些。

图 5-26 两种制动方式下的转向盘转角

图 5-27、图 5-28、图 5-29 分别为重型半挂车牵引车转向轴、驱动轴,半挂车从动轴车轮所受到的地面垂直反力,可以看出,对于双通道 ABS 而言,其左右车轮所受到的地面垂直反力变化幅度较小,但变化频率较快,双通道 ABS 对车轮制动调节的响应更快。

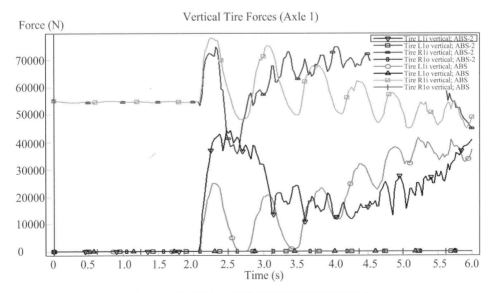

图 5-27 牵引车转向轴车轮受到的地面垂直反力

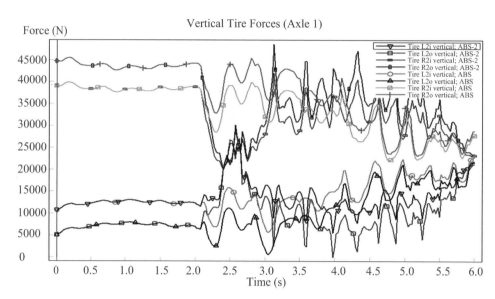

图 5-28 牵引车驱动轴车轮受到的地面垂直反力

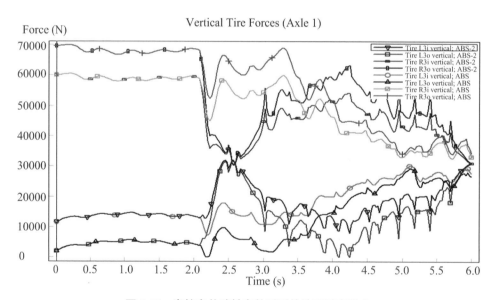

图 5-29 半挂车从动轴车轮受到的地面垂直反力

由图 5-30 可知,采用双通道控制 ABS 的车身俯仰角变化幅度比单通道控制 ABS 的车身俯仰角要稍大些。

图 5-31 为重型半挂车车身的侧倾角,在进行制动后,采用双通道 ABS 控制方式,其车身的侧倾角变化幅度较大;单通道 ABS 控制方式车身侧倾角变化幅度小,车身稳定性更好。

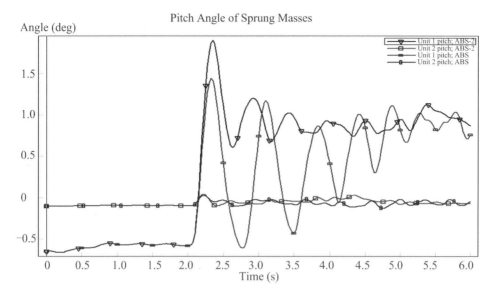

图 5-30　重型半挂车车身的俯仰角

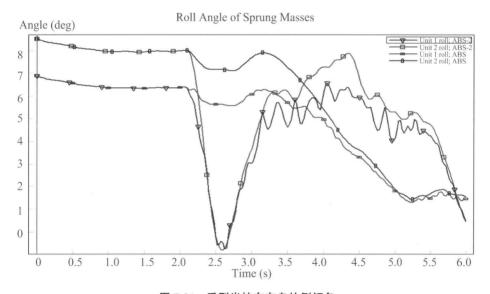

图 5-31　重型半挂车车身的侧倾角

图 5-32、图 5-33 分别为重型半挂车车身的横摆角、横摆角速度。可以看出,采用单通道 ABS 控制方式其车身横摆角、横摆角速度变化幅值较小,车身的稳定性更好。采用双通道 ABS 控制方式其牵引车和半挂车车身横摆角、横摆角速度差值较大,说明两者之间运动不协调,易出现折叠失稳现象。

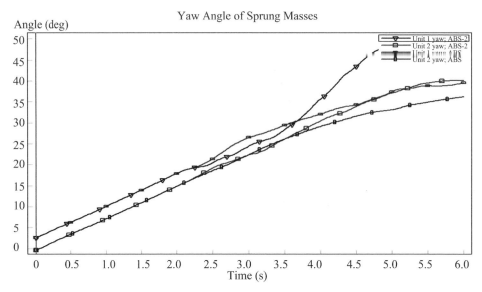

图 5-32　重型半挂车车身的横摆角

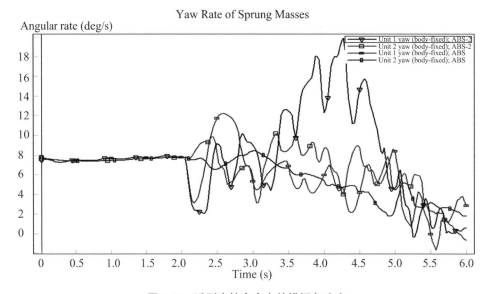

图 5-33　重型半挂车车身的横摆角速度

图 5-34 为重型半挂车车身质心的横向加速度，可以看出，采用双通道 ABS 控制方式的牵引车车身质心横向加速度变化幅值很大，最大值达到了 0.75g，且出现了多次振荡，说明制动过程中牵引车车身出现了失稳现象。采用单通道 ABS 控制方式的牵引车车身质心横向加速度仅在 0.3g 左右变化，变化幅值较小。可见采用单通道 ABS 控制方式的车身稳定性更好。

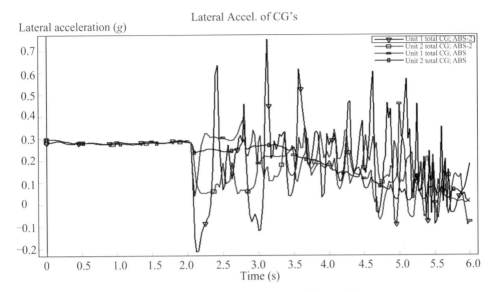

图 5-34　重型半挂车车身质心的横向加速度

图 5-35 为牵引车与半挂车的铰接角,可以看出,采用双通道 ABS 控制方式的重型半挂车其牵引车与半挂车的铰接角要比单通道 ABS 大很多,容易发生失稳。

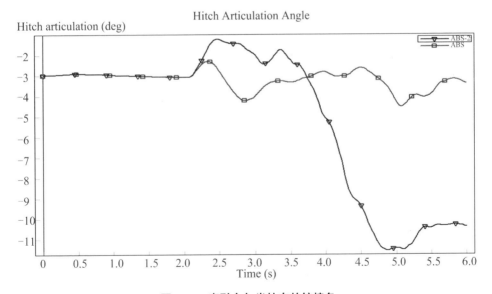

图 5-35　牵引车与半挂车的铰接角

图 5-36 为重型半挂车目标车道的横向偏移量,由图可知,采用双通道 ABS 控制方式的重型半挂车其车身最大横向滑移量偏离了车道约 1.6 m,部分车身已经滑出了车道,失去了稳定性,如图 5-37 所示。相对而言,转向制动时,采用单通道

ABS 控制的重型半挂车,其车身稳定性更好。

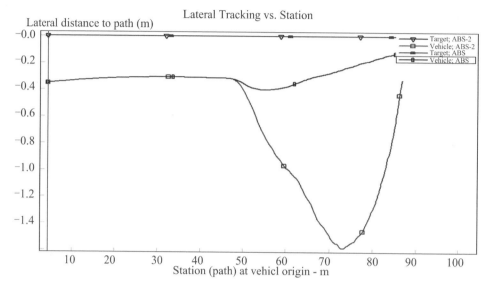

图 5-36 重型半挂车目标车道的横向偏移量

图 5-37 重型半挂车转向制动过程动画演示

综上所示,重型半挂车在转向制动工况中,采用双通道 ABS 控制方式时,可以有效地减小制动距离,但是制动过程中其车身侧倾角、横摆角、横摆角速度、车身质心的横向加速度等变化幅值均较大,不如采用单通道 ABS 控制方式时稳定,特别是车身偏离目标车道的横向滑移量过大,可能会导致车辆制动时滑移出车道,发生失稳的危险事故。由此可见,重型半挂车在转向制动工况中,采用单通道 ABS 控制方式时,其车身稳定性更好。

5.2 滑移率对制动行驶稳定性的影响

在进行制动时,由前面轮胎模型动力学分析可知,制动力系数的最高值一般出现在滑移率为 0.15~0.20 时,ABS 最优滑移率控制范围为 0.10~0.20,对于一般车辆而言,制动时将车轮滑移率保持在这个范围有利于保持汽车行驶稳定性,并能有效缩短制动距离;而重型半挂车由于其结构的特殊性,在转向制动行驶工况和低附着路面制动工况下,不能仅凭制动力大小来判断其行驶稳定性。这里将通过改变重型半挂车制动时车轮滑移率来观测制动时车轮滑移率对重型半挂式汽车行驶稳定性的影响。

5.2.1 转向制动工况

采用前面设定的转向制动工况(图 5-21),仿真车辆初速度为 75 km/h,在圆形道路中进行高速转向行驶,行驶 2 秒后,进行紧急制动,以此来模拟重型半挂车紧急转向制动工况。仿真中重型半挂车行驶的路面设置为半径为 150 m 的水平附着良好的环形单车道,附着系数为 0.75,环形试验车道总长度约为 950 m。

对重型半挂车制动时的滑移率进行精确地控制,严格控制各轴车轮制动的滑移率分别为 0.10,0.15,0.20,观测制动过程中重型半挂车各项参数对比制动效果,仿真结果如图 5-38 至图 5-48 所示。

由图 5-38 可以看出,在转向制动工况中,滑移率为 0.20 时,牵引车车身与半挂车车身质心横向加速度最大;滑移率为 0.15 和 0.10 时,牵引车车身与半挂车车身质心横向加速度相差不大,相对而言,滑移率为 0.15 时更小些。故重型半挂车在转向制动工况中,滑移率为 0.15 时,对应的车身稳定性更好些。

由图 5-39 可以看出,在转向制动工况中,滑移率为 0.20 时,牵引车车身与半挂车车身侧倾角最大;滑移率为 0.15 和 0.10 时,牵引车车身与半挂车车身侧倾角相差不大,相对而言,滑移率为 0.10 时更小些。故重型半挂车在转向制动工况中,滑移率为 0.10 时,对应的车身稳定性更好些。但从其数值来看,滑移率为 0.15 和 0.10 时重型半挂车车身侧倾角相差的数值不大,因此,此指标不能很好地反映制动时的行驶稳定性。

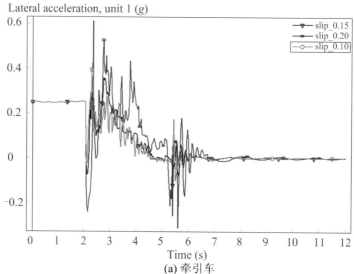

(a) 牵引车

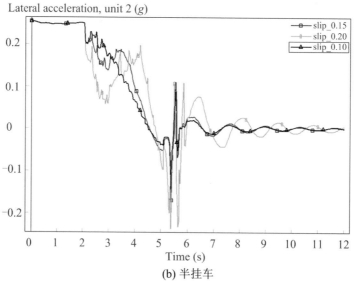

(b) 半挂车

图 5-38 重型半挂车质心的横向加速度

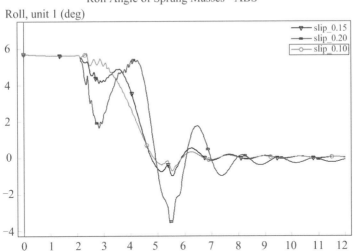

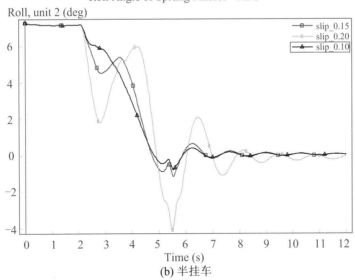

图 5-39　重型半挂车车身的侧倾角

由图 5-40 可以看出,在转向制动工况,滑移率为 0.20,0.15 和 0.10 时,牵引车车身与半挂车车身俯仰角都有一定的振荡量,滑移率为 0.20 时牵引车车身俯仰角振荡量最大;滑移率为 0.15 和 0.10 时,半挂车车身俯仰角发生了振荡,但相差不多。故从数值上来看,滑移率为 0.20,0.15 和 0.10 时,重型半挂车车身俯仰角振荡幅度不大,此指标不能很好地反映制动时行驶稳定性。

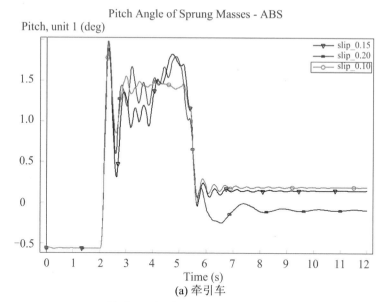

(a) 牵引车

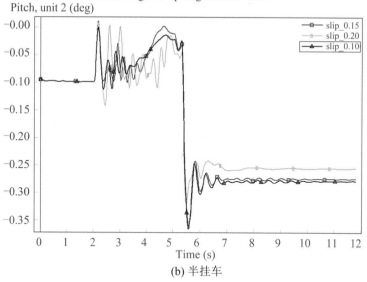

(b) 半挂车

图 5-40　重型半挂车车身的俯仰角

由图 5-41 可以看出,在转向制动工况,滑移率为 0.20 时,牵引车车身横摆角最大,比滑移率为 0.15 和 0.10 时要大很多,半挂车车身横摆角在滑移率为 0.20 时也最大,但与滑移率为 0.15 和 0.10 时相差不多;滑移率为 0.10 时,重型半挂车牵引车车身和半挂车车身的横摆角最小,但与滑移率为 0.15 相比,差别不大。故就此指标而言,重型半挂车在转向制动滑移率为 0.10 时,对应的车身稳定性更好些。

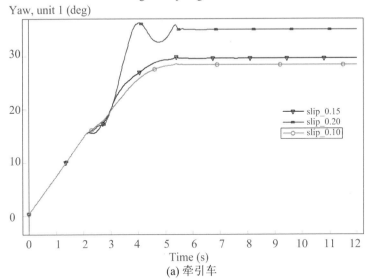

(a) 牵引车

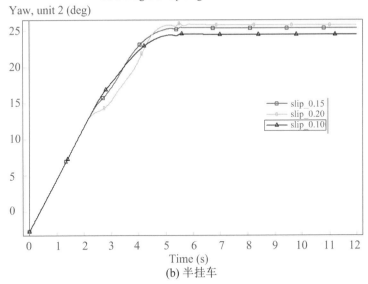

(b) 半挂车

图 5-41　重型半挂车车身的横摆角

由图 5-42 可以看出,在转向制动工况,滑移率为 0.20 时,牵引车车身和半挂车车身横摆角速度最大,比滑移率为 0.15 和 0.10 时要大很多,而且有一定的振荡;滑移率为 0.10 时,重型半挂车牵引车车身和半挂车车身的横摆角速度最小;滑移率为 0.15 时,重型半挂车牵引车车身和半挂车车身的横摆角速度居中,但与滑移率为 0.10 时相差不大。故就此指标而言,重型半挂车在转向制动滑移率为 0.10 时,重型半挂车车身稳定性更好些。

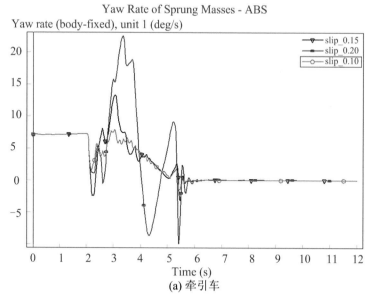

(a) 牵引车

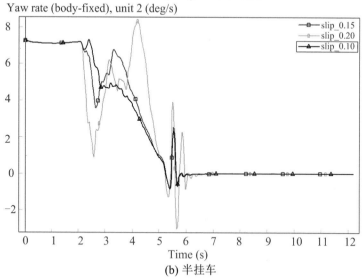

(b) 半挂车

图 5-42　重型半挂车车身的横摆角速度

由图 5-43 可以看出,在转向制动工况,滑移率为 0.20 时,牵引车转向轴的右侧车轮受力最小,左侧车轮受力最大,两者之间差值最小;滑移率为 0.10 时,牵引车转向轴的右侧车轮受力最大,左侧车轮受力最小,二者之间差值最大;滑移率为

0.15 时,牵引车转向轴左右车轮受力及其差值介于二者之间。故就此指标而言,重型半挂车在转向制动滑移率为 0.20 时,重型半挂车牵引轴受力最为稳定。

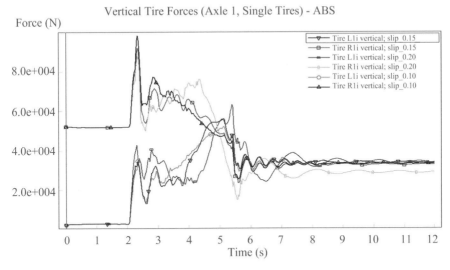

图 5-43　牵引车转向轴受到的地面垂直反力

由图 5-44 可以看出,在转向制动工况,滑移率为 0.10 时,牵引车驱动轴的右侧车轮受力最小,左侧车轮受力最大,二者之间差值最小;滑移率为 0.20 时,牵引车驱动轴的右侧车轮受力最大,左侧车轮受力最小,二者之间差值最大;滑移率为 0.15 时,牵引车驱动轴左右车轮受力及其差值介于二者之间。故就此指标而言,重型半挂车在转向制动滑移率为 0.10 时,重型半挂车驱动轴受力最为稳定。

由图 5-45 可以看出,在转向制动工况中,滑移率为 0.10 时,半挂车从动轴的左右侧车轮受力振荡过程中衰减最快,数值很快趋于稳定;滑移率为 0.20 时,半挂车从动轴的左右侧车轮受力振荡过程中衰减最慢,数值趋于稳定最慢;滑移率为 0.15 时介于二者之间。故就此指标而言,重型半挂车在转向制动滑移率为 0.10 时,重型半挂车从动轴受力最为稳定。

由图 5-46 可以看出,在转向制动工况中,滑移率为 0.10 时,牵引车与半挂车的铰接角最小;滑移率为 0.20 时,牵引车与半挂车的铰接角最大;滑移率为 0.15 时介于二者之间,但与滑移率为 0.10 时的差别很小。故就此指标而言,重型半挂车在转向制动滑移率为 0.10 时,重型半挂车行驶稳定性最好。

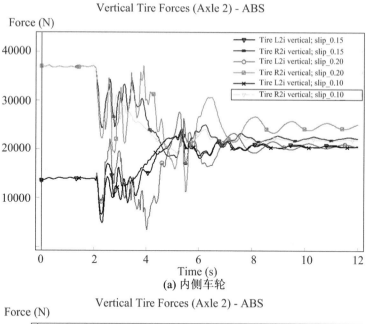

(a) 内侧车轮

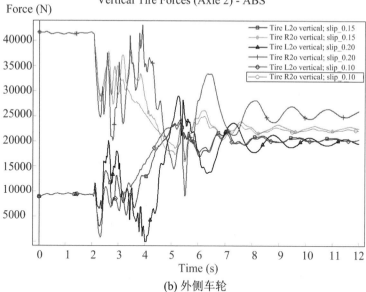

(b) 外侧车轮

图 5-44 牵引车驱动轴受到的地面垂直反力

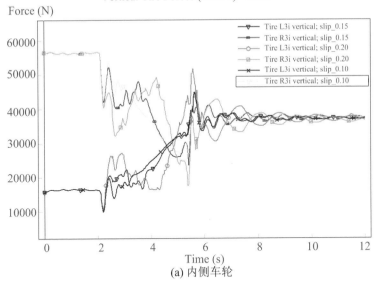

(a) 内侧车轮

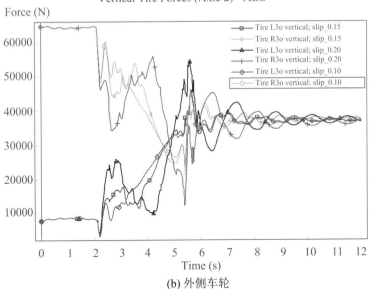

(b) 外侧车轮

图 5-45　半挂车从动轴受到的地面垂直反力

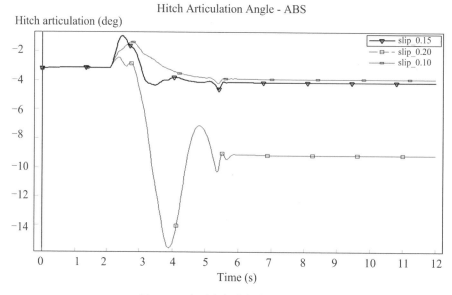

图 5-46　牵引车与半挂车的铰接角

由图 5-47 可以看出,在转向制动工况中,滑移率为 0.10 时,重型半挂车车身横向偏离目标路线的偏移量最小;滑移率为 0.20 时,重型半挂车车身横向偏离目标路线的偏移量最大;滑移率为 0.15 时介于二者之间。故就此指标而言,重型半挂车在转向制动滑移率为 0.10 时,重型半挂车保持车道行驶的性能稳定性最好。

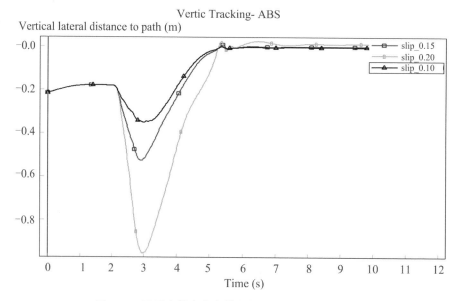

图 5-47　重型半挂车车身横向偏离目标路线的偏移量

由图 5-48 可以看出,在转向制动工况中,滑移率为 0.15 时,重型半挂车制动距离最大,约行驶了 71.4 m 后停止运动;滑移率为 0.20 时,重型半挂车制动距离最小,约行驶了 69.3 m 后停止了运动;滑移率为 0.10 时介于二者之间,约行驶了 70.4 m 后停止了运动。故就此指标而言,重型半挂车在转向制动滑移率为 0.20 时,重型半挂车制动距离最短。

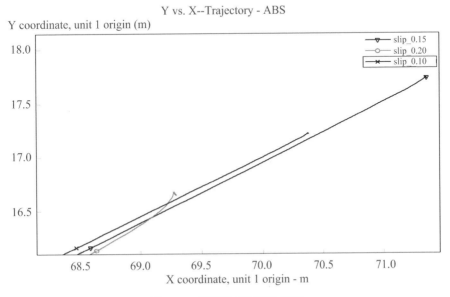

图 5-48 重型半挂车制动距离

综上所述,在转向行驶制动工况中,重型半挂车的车身侧倾角、俯仰角在不同滑移率下变化较小,不能很好地反映制动时的行驶稳定性;重型半挂车质心横向加速度在滑移率为 0.15 时数值最小,车身稳定性最好;重型半挂车车身横摆角、横摆角速度、牵引车与挂车的铰接角均在滑移率为 0.10 时数值最小,车身稳定性最好;在车轮受到地面垂直反力作用方面,牵引车的转向轴在滑移率为 0.20 时左右轮受力小且两轮受力差距小,牵引车的驱动轴和挂车的从动轴在滑移率为 0.10 时左右轮受力小且两轮受力差距小,对于重型半挂车而言,牵引车的驱动轴、挂车的从动轴更能反映其行驶稳定性好坏,故滑移率为 0.10 时,重型半挂车行驶稳定性较好。重型半挂车在转向制动时,车身横向偏离目标路线的偏移量在滑移率为 0.10 时最小,能保持行驶中不偏离车道;制动距离在车轮滑移率为 0.20 时最短,在车轮滑移率 0.15 时最长。故在转向行驶制动工况中,使重型半挂车制动时车轮的滑移率保持在 0.10~0.15,可具备更好地车身稳定性,而使车轮滑移率保持在 0.20,可以获得更短的制动距离。

5.2.2 低附着路面制动工况

在仿真系统中重型半挂汽车行驶的路面设置为低附着路面,道路为一段有小坡度的下坡直线路段,长度为 120 m。这里设置了路面附着系数为 0.20,以初始速度为 40 km/h 行驶 2 s 后进行紧急制动,来观察重型半挂车在低附着路面上行驶制动时的稳定性。仿真结果如图 5-49 至图 5-59 所示。

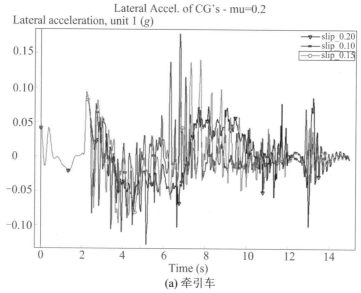

(a) 牵引车

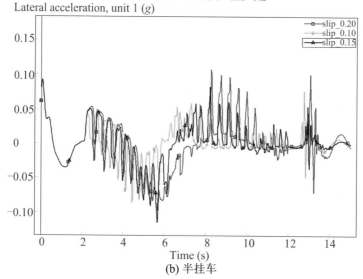

(b) 半挂车

图 5-49　重型半挂车质心的横向加速度

由图 5-49 可以看出,在低附着路面行驶制动工况中,滑移率为 0.10 时,牵引车车身横向加速度最大,滑移率为 0.20 时,牵引车车身横向加速度最小,滑移率为 0.15 时介于二者之间;滑移率为 0.20 时,挂车车身横向加速度最大,滑移率为 0.10 时,挂车车身横向加速度最小,滑移率为 0.15 时介于二者之间。重型半挂车的挂车部分质量和体积更大,因此挂车车身的稳定性应更为重要,故重型半挂车在低附着地面行驶制动且滑移率为 0.10 时,对应的车身稳定性更好些。

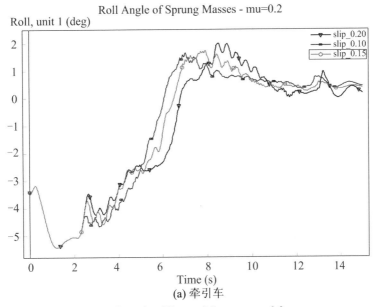

(a) 牵引车

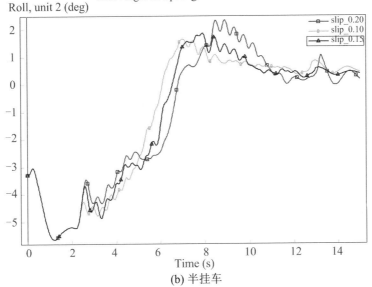

(b) 半挂车

图 5-50　重型半挂车车身的侧倾角

由图 5-50 可以看出,在低附着路面行驶制动工况中,滑移率为 0.20 时,牵引车车身与半挂车车身侧倾角最大;滑移率为 0.15 和 0.10 时,牵引车车身与半挂车车身侧倾角相差不大,相对而言,滑移率为 0.10 时更小些,即重型半挂车在低附着路面行驶制动滑移率为 0.10 时,对应的车身稳定性更好些。故从其数值来看,滑移率为 0.20,0.15 和 0.10 时重型半挂车车身侧倾角相差的数值不大,此指标不能很好地衡量车身稳定性的好坏。

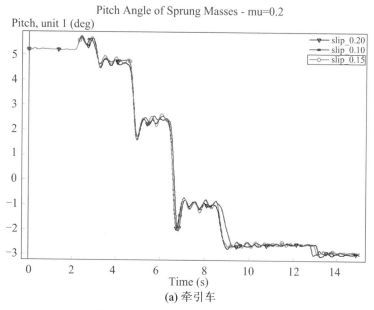

(a) 牵引车

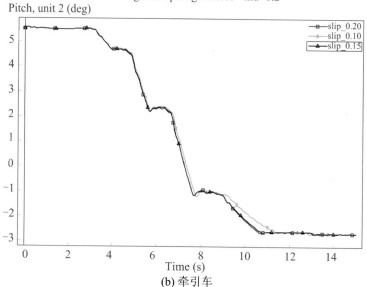

(b) 牵引车

图 5-51　重型半挂车车身的俯仰角

由图 5-51 可以看出,在低附着路面行驶制动工况中,滑移率分别为 0.2,0.15 和 0.10 时,牵引车车身与半挂车车身俯仰角都有一定的振荡量,但其数值基本重合,差距甚微。此指标不能很好地反映车身稳定性。

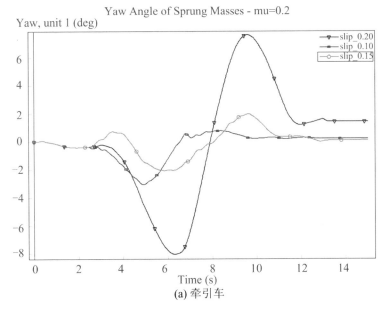

(a) 牵引车

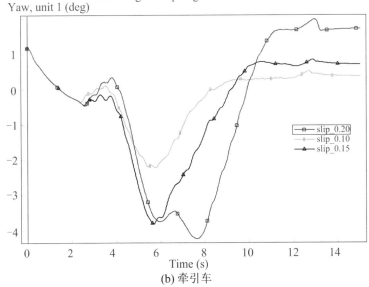

(b) 牵引车

图 5-52 重型半挂车车身的横摆角

由图 5-52 可以看出,在低附着路面行驶制动工况中,滑移率为 0.20 时,牵引车车身横摆角最大,比滑移率为 0.15 和 0.10 时要大很多。半挂车车身横摆角在滑移率为 0.20 时也最大,与滑移率为 0.10 相比相差量较大;滑移率为 0.10 时,重型半挂车牵引车车身和半挂车车身的横摆角最小。故就此指标而言,重型半挂车在低附着路面行驶制动且滑移率为 0.10 时,对应的车身稳定性更好些。

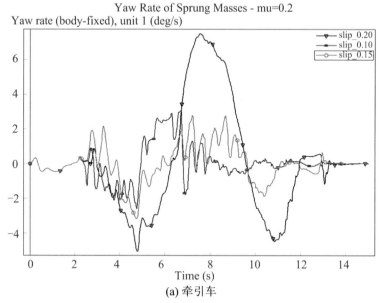

(a) 牵引车

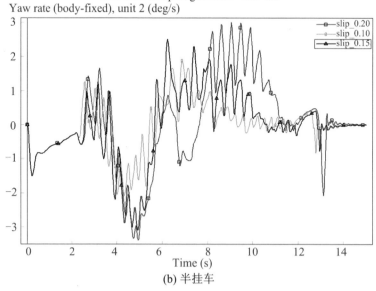

(b) 半挂车

图 5-53 重型半挂车车身的横摆角速度

由图 5-53 可以看出,在低附着路面行驶制动工况中,滑移率为 0.2 时,牵引车车身和半挂车车身横摆角速度最大;滑移率为 0.10 时,重型半挂车牵引车车身和半挂车车身的横摆角速度最小;滑移率为 0.15 时,重型半挂车牵引车车身和半挂车车身的横摆角速度居中。故就此指标而言,重型半挂车在低附着路面行驶制动工况且滑移率为 0.10 时,重型半挂车车身稳定性更好些。

由图 5-54 可以看出,在低附着路面行驶制动工况中,滑移率为 0.2 时,牵引车转向轴的右侧车轮受力最小,左侧车轮受力最大,二者之间差值最小;滑移率为 0.10 时,牵引车转向轴的右侧车轮受力最大,左侧车轮受力最小,二者之间差值最大;滑移率为 0.15 时,牵引车转向轴左右车轮受力及其差值介于二者之间。故就此指标而言,重型半挂车在低附着路面行驶制动工况且滑移率为 0.20 时,重型半挂车牵引转向轴受力最为稳定。

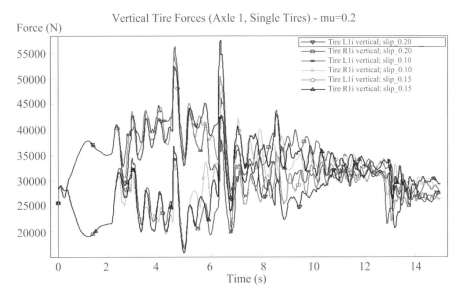

图 5-54　牵引车转向轴受到的地面垂直反力

由图 5-55 可以看出,在低附着路面行驶制动工况中,滑移率为 0.1 时,牵引车驱动轴的右侧车轮受力最小,左侧车轮受力最大,二者之间差值最小;滑移率为 0.20 时,牵引车驱动轴的右侧车轮受力最大,左侧车轮受力最小,二者之间差值最大;滑移率为 0.15 时,牵引车驱动轴左右车轮受力及其差值介于二者之间。故就此指标而言,重型半挂车在转向制动且滑移率为 0.10 时,重型半挂车驱动轴受力最为稳定。

由图 5-56 可以看出,在低附着路面行驶制动工况中,滑移率为 0.10 时,挂车从动轴的右侧车轮受力最小,左侧车轮受力最大,二者之间差值最小;滑移率为 0.15 时,挂车从动轴的右侧车轮受力最大,左侧车轮受力最小,二者之间差值最大;滑移率为 0.20 时,挂车从动轴左右车轮受力及其差值介于二者之间。故就此指标而言,重型半挂车在低附着路面行驶制动工况且滑移率为 0.10 时,挂车从动轴受力最为稳定。

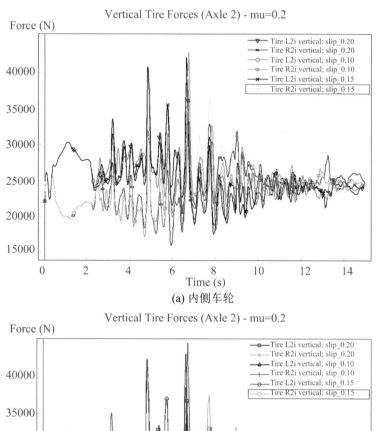

(a) 内侧车轮

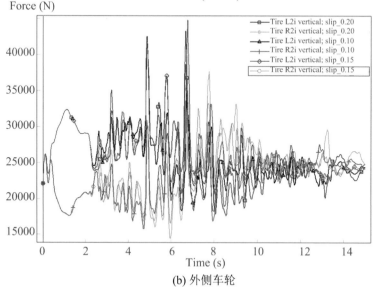

(b) 外侧车轮

图 5-55　牵引车驱动轴受到的地面垂直反力

第 5 章 制动方式及滑移率对行驶稳定性的影响　　155

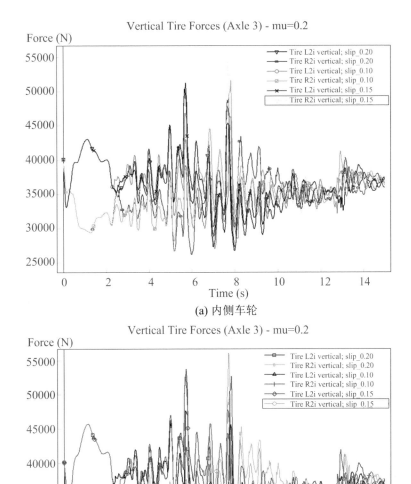

(a) 内侧车轮

(b) 外侧车轮

图 5-56　半挂车从动轴受到的地面垂直反力

由图 5-57 可以看出,在低附着路面行驶制动工况中,滑移率为 0.10 时,牵引车与半挂车的铰接角最小;滑移率为 0.20 时,牵引车与半挂车的铰接角最大;滑移率为 0.15 时,铰接角介于二者之间,但与滑移率为 0.10 时的差别很小。故就此指标而言,重型半挂车在低附着路面行驶制动工况且滑移率为 0.10 时,重型半挂车行驶稳定性最好。

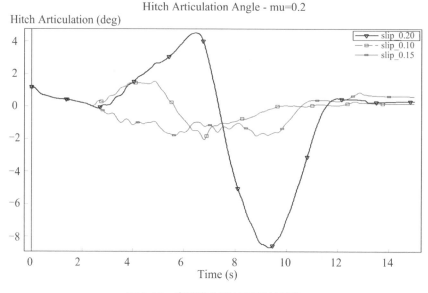

图 5-57　牵引车与半挂车的铰接角

由图 5-58 可以看出,在低附着路面行驶制动工况中,滑移率为 0.10 时,重型半挂车车身横向偏离目标路线的偏移量最小;滑移率为 0.20 时,重型半挂车车身横向偏离目标路线的偏移量最大;滑移率为 0.15 时,偏移量介于二者之间。故就此指标而言,重型半挂车在低附着路面行驶制动工况且滑移率为 0.10 时,重型半挂车保持车道行驶的性能稳定性最好。

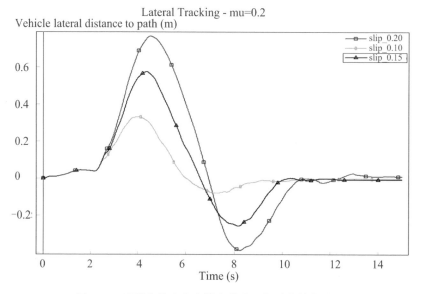

图 5-58　重型半挂车车身横向偏离目标路线的偏移量

由图 5-59 可以看出,在低附着路面行驶制动工况中,滑移率为 0.20 时,重型半挂车制动距离最大,约行驶了 112.5 m 后停止运动;滑移率为 0.10 时,重型半挂车制动距离最小,约行驶了 109.0 m 后停止了运动;滑移率为 0.15 时,制动距离介于二者之间,约行驶了 111.8 m 后停止了运动。故就此指标而言,重型半挂车在转向制动且滑移率为 0.10 时,重型半挂车制动距离最小。

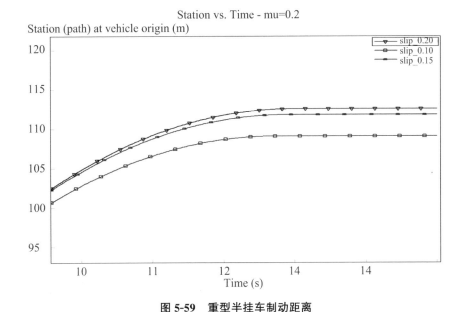

图 5-59 重型半挂车制动距离

综上所述,在低附着路面行驶制动工况中,重型半挂车的车身侧倾角、俯仰角在不同滑移率下变化较小,不能很好地反映制动时的行驶稳定性。重型半挂车质心横向加速度、横摆角、横摆角速度、牵引车与挂车的铰接角均在滑移率为 0.10 时数值最小,车身稳定性最好。在车轮受到地面垂直反力作用方面,牵引车的转向轴在滑移率为 0.20 时左右轮受力小且两轮受力差距小,牵引车的驱动轴和挂车的从动轴在滑移率为 0.10 时左右轮受力小且两轮受力差距小,对于重型半挂车而言牵引车的驱动轴、挂车的从动轴更能反映其行驶稳定性,故滑移率为 0.10 时,重型半挂车行驶稳定性较好。重型半挂车在制动时,车身横向偏离目标路线的偏移量在滑移率为 0.10 时最小,能保持行驶中不偏离车道;制动距离在滑移率为 0.10 时最短。故在低附着路面行驶制动工况中,使重型半挂车制动且车轮的滑移率保持在 0.10 左右时,能取得更好的制动效果,同时具备更好地车身稳定性。

重型半挂车在低附着路面直线行驶时,对车轮制动分别采用单通道 ABS 控制和双通道 ABS 控制进行对比,发现采用双通道 ABS 控制其车身横摆角、横摆角速度、侧倾角、质心横向加速度、牵引车与半挂车铰接角的变化情况不如采用单通道

ABS 控制的稳定。两种制动方式均能使重型半挂车保持在目标车道中稳定行驶，但采用双通道 ABS 控制时，能显著缩短制动距离。因此，重型半挂车在低附着路面直线行驶时，采用双通道 ABS 控制比采用单通道 ABS 控制制动效果更佳，可保证车辆按既定车道稳定行驶时显著缩短制动距离。

重型半挂车在转向制动工况中，对车轮制动分别采用单通道 ABS 控制和双通道 ABS 控制进行对比，发现采用双通道 ABS 控制方式时，减小制动距离方面效果显著，但是制动过程中其车身稳定性评价参数变化幅值较大，不如采用单通道 ABS 控制方式时稳定，特别是车身偏离目标车道的横向滑移量过大，可能会导致车辆制动时滑移出车道，发生失稳的危险事故。故重型半挂车在转向制动工况中，采用单通道 ABS 控制方式时其车身稳定性更好。

重型半挂车在良好路面转向制动工况中，使重型半挂车制动且车轮的滑移率保持在 0.10～0.15 时，可具备更好地车身稳定性，并能使车辆在制动中更好地保持在目标路径上行驶，横向偏移最小；而使车轮滑移率保持在 0.20 时，可以获得更短的制动距离。在低附着面直线行驶制动工况中，使重型半挂车制动且车轮的滑移率保持在 0.10 时，可具备更好地车身稳定性、更小的行驶目标路径横向偏移量和更短的制动距离。

第 6 章 改善重型半挂车行驶稳定性的控制方法

重型半挂车以其装载量大、运输成本低,具有甩挂运输、区段运输、滚装运输等优点,已成为公路运输的主要车型。但是由于其自身的结构问题,极限工况存在行驶失稳的危险。因此,提高半挂汽车列车不同行驶工况的稳定性是减少交通事故的一个重要措施。国内外学者及工程技术人员在此方面做了很多的研究,提出了很多改善重型半挂车行驶稳定性的控制方法。

6.1 主动侧倾控制

主动侧倾控制系统,主要通过 U 形主动防侧倾杆和两个由伺服阀控制的液压作动器来实现主动侧倾控制。防侧倾杆的中间通过两个液压作动器连接到车身上,杆的两端与车轮相连,通过伸展一个作动器而压缩另一个作动器实现防侧倾杆的扭转,产生主动侧倾控制力矩作用于车身,保证转向时车体向转弯内侧倾斜。为了实现对主动侧倾控制系统的控制,吉林大学的宗长富、朱天军等建立了某款重型半挂车的数学模型及 MATLAB/Simulink 动力学仿真模型,提出了一种基于回路传输恢复技术(loop transfer recovery,LTR)的线性二次型高斯(linear quadratic Gaussian,LQG)主动侧倾控制算法,并设计了某车速下 LQG/LTR 局部状态反馈控制器,进行了阶跃转向工况下车辆的仿真分析。[40,41]

通过研究发现主动侧倾控制系统可以使牵引车驱动轴的横向载荷转移峰值减小 30% 以上,LQG/LTR 主动侧倾控制算法有效提高了重型半挂车的侧倾稳定性。

重庆理工大学的杨鄂川、谢川人等采用主动防侧倾杆对半挂汽车的侧倾稳定性进行控制,将七自由度车辆动力学模型作为预测模型,防侧倾控制器运用模型预测控制(model predictive control,MPC)构建,控制器用于使车辆跟踪参考模型的理想状态响应信号,选用二次规划求解该最优控制问题,得到期望控制输入,即半挂汽车各轴所需的主动防侧倾力矩,最终达到提升半挂汽车侧倾稳定性的目的。[42]

仿真中对采用 MPC 控制器和 PID 控制器的车辆状态与不采取控制措施的车辆状态进行了对比,研究结果表明,在采用主动防侧倾杆对半挂汽车的侧倾稳定性进行控制的 MPC 控制器和 PID 控制器作用下,半挂汽车各状态量皆收敛,且横向载荷转移率保持在 0.7 以内;相比于 PID 控制,MPC 控制所需的防侧倾力矩更小更均衡,各状态量变化也更加平稳。因此,MPC 控制器在提升半挂汽车侧倾稳定性的同时具有较好的鲁棒性。

6.2　挂车主动转向控制

由于牵引车与挂车之间力和运动的相互影响,极易在高速行驶过程中发生摆振、侧翻和折叠等危险状况,继而引发严重的交通事故。南京林业大学的张磊、徐晓美等提出了一种挂车主动转向控制方法,建立了挂车主动转向半挂汽车列车的五自由度动力学模型,基于最优控制技术设计了主动转向控制器,利用 MATLAB 软件编写了基于单点预瞄驾驶员模型的闭环运动仿真程序,对半挂汽车列车进行了运动学和动力学仿真研究。[43]

其研究表明,挂车主动转向可显著提高半挂汽车列车的侧倾稳定性,但也在一定程度上牺牲了挂车的路径跟踪性能和汽车列车的横摆稳定性能。

为提高半挂汽车列车高速变道行驶时的侧向稳定性,南京林业大学的徐晓美教授等开展了挂车车轮主动转向控制研究。[46]研究中考虑侧风干扰和车身侧倾,建立挂车主动转向半挂汽车列车的五自由度车辆模型。

建模时,为了求解方便,作如下假设:
① 不考虑转向系统的影响,动力学模型输入直接采用车轮或车轴转角;
② 不考虑牵引车和挂车的俯仰运动;
③ 假定牵引车和挂车之间的铰接角较小;
④ 假定车辆的纵向运动速度恒定;
⑤ 假定半挂汽车列车的所有车轮侧偏角均不大于 5°,即车轮的侧偏力和侧偏角之间满足线性关系;
⑥ 不考虑弯道行驶时左、右两侧车轮所受的垂直载荷变化对车轮侧偏特性的影响。

研究中,以挂车的质心侧偏角和挂车质心处的侧向加速度为控制目标,设计了挂车车轮主动转向的鲁棒控制器；为验证所设计控制器的有效性，基于搭建的 TruckSim 与 Simulink 联合仿真平台，在高速单移线和双移线行驶工况下，仿真研究挂车车轮主动转向的半挂汽车列车侧向动力学特性和挂车跟踪牵引车轨迹的跟随性。仿真工况为高速单移线和双移线工况，车辆行驶车速均为 80 km/h，路面附着系数为 0.85。

研究表明，所设计的挂车车轮主动转向鲁棒控制器是有效的，它能有效抑制变道时传统半挂汽车列车出现的挂车"过冲"现象，提高挂车跟踪牵引车轨迹的跟随性，并显著降低半挂汽车列车的质心侧偏角、侧向加速度和车身侧倾角。

6.3 差动制动控制

为了研究半挂汽车列车横摆稳定性控制问题，昆明理工大学的杨秀建、康南等以牵引车和半挂车的横摆角速度为控制目标，通过牵引车和半挂车的差动制动控制来改善整车的横摆稳定性，并提出了基于约束加权最小二乘优化算法的制动力控制分配方案，实时优化协调分配各车轮的制动力，以综合提高整车的横向稳定性。当制动器出现失效或部分失效时，控制系统实时调整控制效率矩阵，对剩余有效的制动器进行重构控制，最大限度地保证整车横摆稳定性，提高控制系统可靠性，并基于 MATLAB/Simulink 与 TruckSim 的联合仿真进行了开环操作试验分析。[44]

仿真过程在 TruckSim 软件中建立完整的非线性半挂汽车列车模型模拟实际车辆，通过与 MATLAB/Simulink 中建立的重构控制算法的联合仿真对控制方案进行评价分析。仿真工况设置为通过单周期正弦波方向盘转角输入来模拟单移线换道操作，方向盘转角幅值为 80°，周期为 6 s，在第 3 秒时开始转向，车辆初始纵向速度为 90 km/h，道路为附着系数为 0.20 的湿滑路面。

选取牵引车前轴左侧制动器失效 83%，同时后两联轴右侧制动器完全失效的情况作为部分制动器失效的仿真工况，来分析评价重构控制方案的性能。

仿真研究结果表明，基于约束加权最小二乘优化算法的制动力控制分配方案能够有效改善极限工况下半挂汽车列车的横摆稳定性；特别是在制动器出现失效的情况下，能够通过实时调整控制效率矩阵，实现对其他完好制动器制动力的重新分配，最大限度地保持整车的横摆稳定性，提高了控制系统的可靠性。

6.4　AFS/DYC 的集成控制策略

由于半挂汽车列车铰接和多轴结构、满载质心较高等特性使其操纵性和行驶稳定性都较差,其安全性已经成为制约道路交通运输事业发展的瓶颈。从早期的制动防抱死系统(anti-lock brake system,ABS),到车身电子稳定程序(electronic stability program,ESP),汽车的行驶稳定性可以通过底盘稳定性控制系统得到改善。直接横摆力矩控制(direct yaw-moment control,DYC)是 ABS 功能的延伸;主动前轮转向系统(active frontsteering,AFS)对前轮小角度操作改变汽车横向受力,完成对横摆运动的控制,提高汽车行驶安全性。AFS 性能在车辆线性操作区域内才会发挥出,DYC 在线性和非线性区域内都有良好的性能,但持续的横摆力矩控制会影响驾驶员驾驶和乘员乘坐舒适性,将两种方法结合是提高车辆操纵稳定性的常用方法,多以质心侧偏角和横摆角速度的理想响应作为参考进行控制策略的设计。

北京航空航天大学马玉喆等采用滑模控制、模糊控制方法,以追踪牵引车横摆角速度和折腰角为目标,在三自由度单轨车辆模型基础上设计了主动前轮转向/直接横摆力矩控制(AFS/DYC)的集成控制策略。并基于 Truck Sim 与 Simulink 搭建车辆闭环仿真模型,进行了双移线工况和鱼钩转向工况仿真试验。[45]

仿真研究结果表明,重型半挂车在附着系数为 0.85、车速为 105 km/h 的双移线换道操作时,在施加了集成控制的闭环系统下,车辆能够较好地跟踪参考响应,避免开环系统下的摆振现象,路径跟踪得到提升;附着系数为 0.30、车速为 55 km/h 的鱼钩转向时,闭环系统在该工况下运行良好,车辆顺利进入鱼钩转向,避免了在开环系统下的侧滑与折叠;所设计的 AFS/DYC 控制策略有效,可以有效改善重型半挂车的横摆稳定性。

参 考 文 献

［1］ 童燕. 中国道路货物运输产业组织与变迁研究:基于动态 SCP 的分析[D]. 上海:复旦大学,2008.
［2］ 孙孝文. 和谐交通体系构建研究[D]. 武汉:武汉理工大学,2007.
［3］ 李系刚. 国外运输企业发展第三方物流的启示[J]. 铁道运输与经济,2003(11):42-43.
［4］ 董金松. 半挂汽车列车弯道制动行驶方向稳定性及协调控制策略研究[D]. 长春:吉林大学,2010.
［5］ 于忠江,白崭. 交通建设与企业物流成本控制[J]. 中国物流与采购,2008(1):76-77.
［6］ 高红博. 半挂汽车列车转弯制动方向稳定性及控制策略研究[D]. 长春:吉林大学,2014.
［7］ 郭正康. 现代汽车列车设计与使用[M]. 北京:北京理工大学出版社,2006:15-21.
［8］ 阮哲明. 城市交通规划经济评价研究[D]. 上海:同济大学,2008.
［9］ 关志伟. 半挂汽车列车行驶稳定性动力学仿真研究[D]. 长春:吉林大学,2008.
［10］ 吕安涛,林玮静. 半挂汽车列车安全性设计的技术发展趋势[J]. 专用汽车,2003(2):9-11.
［11］ 中国政府网. 我国已经成为名副其实的交通大国[EB/OL]. http://www.gov.cn/xinwen/2018-07/02/content_5302885.htm,2018-07-02.
［12］ 郭正康. 现代汽车列车设计与使用[M]. 北京:北京理工大学出版社,2006.
［13］ 张磊. 半挂汽车列车挂车主动转向与差动制动控制研究[D]. 南京:南京林业大学,2019.
［14］ Chen H F,Velinsky S A. Designing articulated vehicles for low-speed maneuverability[J]. Journal of Transportation Engineering,1992,118(5):711-728.
［15］ Rangavajhula K,Tsao H S J. Active trailer steering control of an articulated system with a tractor and three full trailers for tractor-track following[J]. International Journal of Heavy Vehicle Systems,2007,14(3):271-293.
［16］ Rangavajhula K,Tsao H S J. Command steering of trailers and command-steering-based optimal control of an articulated system for tractor-track following[J]. Proceedings of the Institution of Mechanical Engineers,Part D:Journal of Automobile Engineering,2008,222(6):935-954.
［17］ Prem H,Atley K. Performance evaluation of the Trackaxle(TM)steerable axle system[C]//Delft International Symposium on Heavy Vehicle Weights and Dimensions,2002.
［18］ Kamnik R,Boettiger F,Hunt K. Roll dynamics and lateral load transfer estimation in articulated heavy freight vehicles[J]. Proceedings of the Institution of Mechanical Engi-

neers, Part D: Journal of Automobile Engineering, 2003, 217(11): 985-997.

[19] Islam M M, Ding X, He Y. A Closed-loop Dynamic Simulation-based Design Method for Articulated Heavy Vehicles with Active Trailer Steering Systems [J]. Vehicle System Dynamics. 2012, 50(5): 675-697.

[20] 卞学良. 专用汽车结构与设计[M]. 北京:机械工业出版社,2007.

[21] 崔靖. 专用汽车设计[M]. 西安:陕西科学技术出版社,1989.

[22] 徐达,蒋崇贤. 专用汽车结构与设计[M]. 北京:北京理工大学出版社,1998.

[23] 张思奇. 复杂工况下半挂汽车列车侧向稳定性分析与控制研究[D]. 沈阳:东北大学,2012.

[24] 余志生. 汽车理论[M]. 2版. 北京:机械工业出版社,2000.

[25] 安部正人. 汽车的运动和操纵[M]. 陈辛波,译. 北京:机械工业出版社,1998.

[26] 喻凡,林逸. 汽车系统动力学[M]. 北京:机械工业出版社,2005.

[27] 黄朝胜. 重型载货汽车底盘性能设计参数控制研究[D]. 长春:吉林大学,2005.

[28] 王志强,周雅夫,常城. 汽车ABS控制策略的仿真研究[J]. 汽车科技,2008(6):25-28.

[29] 庄继德. 计算汽车地面力学[M]. 北京:机械工业出版社,2001.

[30] 黄祖永. 地面车辆原理[M]. 李长祜,陈德兴,刘树学,译. 北京:机械工业出版社,1985.

[31] Pacejka, Hance B. Tyre and Vehicle Dynamics[M]. Society of Automotive Engineers Inc, 2002.

[32] Bakker E, Nyborg L, Pacejka H B. Tyre modeling for use in vehicle dynamics studies[J]. SAE Transactins, 1987, 96.

[33] 侯永平. 轮胎非线性非稳态侧偏特性与半经验模型的研究[D]. 长春:吉林大学,1999.

[34] 李洪伟. 汽车悬架运动学特性的仿真与试验研究[D]. 长春:吉林大学,2007.

[35] 张彦如. 汽车半主动悬架模糊控制研究[D]. 合肥:合肥工业大学,2005.

[36] Elwell M F. The Modeling and Control of N-Trailer Multiarticulated systems[D]. Salt Lake City: The University of Utah,1995.

[37] Lawson R C, Law E H. Optimization to Improve lateral stability of tractor semi-trailers during steady state cornering[J]. SAE Transactions, 2004.

[38] Esmailzadeh E, Tabarrok B. Directional Response and Yaw Stability of Articulated Log Hauling Trucks[J]. SAE Transactinons, 2000.

[39] Deng W, Kang X. Parametric study on vehicle-trailer dynamics for stability control [J]. SAE Transactions, 2003, 112.

[40] 宗长富,朱天军,郑宏宇,等. 二次型最优控制的半挂汽车列车主动侧倾控制算法研究[J]. 中国机械工程,2008(7):872-877.

[41] 朱天军,宗长富,郑宏宇,等. 基于LQG/LTR的重型半挂车主动侧倾控制仿真分析[J]. 系统仿真学报,2008(2):476-479.

[42] 杨鄂川,谢川人,王江,等. 基于模型预测控制的半挂汽车主动防侧倾控制方法[J]. 汽车安全与节能学报,2020,11(1):61-70.

[43] 张磊,徐晓美,潘健,等.半挂汽车列车高速侧倾稳定性控制研究[J].制造业自动化,2019,41(12):99-102.
[44] 杨秀建,康南,刘明勋,等.半挂汽车列车横摆稳定性最优重构控制[J].中国公路学报,2013,26(6):182-190.
[45] 马玉喆,张祖锋,牛宗元,等.半挂汽车列车AFS/DYC集成控制策略设计及验证[J].江苏大学学报(自然科学版),2018,39(5):530-536,562.
[46] 徐晓美,颜潇,蔡浩浩.半挂汽车列车高速侧向稳定性控制研究[J].重庆理工大学学报(自然科学),2021,35(10):1-8.